LO QUE OTROS LÍDERES DICEN ACERCA DE HÉCTOR TEME

Leer a Héctor Teme o escucharlo en una conferencia es abrir la imaginación a algo nuevo y desafiante, porque siempre me hace ver la vida desde otra perspectiva.

SIXTO PORRAS
DIRECTOR REGIONAL
ENFOQUE A LA FAMILIA PARA IBEROAMÉRICA

Si pudiera hacer el intento de englobar o enmarcar la vida, conocimiento, visión y labor del Master Coach Héctor Teme, lo haría a partir de 3 palabras poderosas: sello, empoderamiento y lanzamiento. Tengo que describir a Don Héctor como un lanzador de personas hacia el cumplimiento de sus destinos. Don Héctor, siempre le estaré agradecido.

ADIEL BARQUERO GONZÁLEZ
EJECUTIVO DE ENLACE INTERNACIONAL
PASTOR COMUNIDAD DE FE EN SU PRESENCIA
COSTA RICA

Me considero una persona afortunada de entrenarme y ser coacheado al mismo tiempo por Héctor Teme. Creo que es una gran bendición para la vida de los líderes a nivel mundial. Como Alcalde de Valledupar he visto los resultados de un proceso serio y dirigido por Dios de la mano con el Master Coach Héctor Teme. Podríamos hablar de un antes y un después. Damos gracias a Dios por el Ministerio poderoso que ha puesto en Héctor y Laura.

DR. AUGUSTO RAMÍREZ
ALCALDE DE VALLEDUPAR, COLOMBIA

Conocer a Héctor Teme y compartir con él es una bendición. Es un hombre que vive lo que enseña, que viene desde su futuro para impactar su presente y enseñar a hacerlo a todos quienes lo rodean. Sus libros son una extensión de la gracia y sabiduría que Dios le ha dado, leerlos es inspirador, pero al mismo tiempo te desafían a sacar lo mejor de ti mismo, a creer lo que Dios te ha dado, y a ponerte en acción para lograr lo que siempre soñaste.

NIKAULI NIKAULY DE LA MOTA
DIPLOMÁTICA DOMINICANA
PERIODISTA Y COMUNICADORA

Una sesión con Héctor Teme es una experiencia desafiante y refrescante a la vez. Nos ha ayudado a pensar de una manera diferente con ideas, conceptos y experiencias que nos estimulan a pensar, trabajar y vivir mejor. Es un coach dinámico, agradable, y efectivo; una gran persona que reúne lo mejor de lo mejor y te lo entrega como plato bien servido. Vale la pena escucharle, ya sea en persona o por sus libros y vídeos. Puede cambiar tu vida.

STAN JETER
PRESIDENTE
COICOM Y COMUNICADORES USA

Héctor Teme ha impactado mi vida de manera poderosa con cada palabra escrita o hablada. Como instrumento de Dios me ha llevado a ampliar mi superficie para visionar desde mi elección y no desde mis circunstancias, y parado desde allí vivir mi misión con la unción de Dios, entendiendo que no solo debo estar listo, sino preparado, no comprometiéndome porque puedo, sino que puedo ahora que me he comprometido, para así poder alcanzar lo extraordinario viviendo en mi "porqué" y "para qué".

JORGE ARAUJO
SECRETARIO DE EDUCACIÓN DE GOBERNACIÓN
DEL CÉSAR, COLOMBIA

Héctor es un hombre al cual Dios le ha dado la gracia de ayudarnos a cumplir con los encargos y sueños de Dios para nuestras vidas a través de prácticas enseñanzas bíblicas.

La aplicación e interpretación que Héctor nos presenta de la vida y las escrituras, desde la perspectiva del Dios que está a nuestro favor y nos ha hecho más que vencedores, son realmente fascinantes.

GUILLERMO AGUAYO
DIRECTOR DEL CENTRO PARA EL DESARROLLO DE LA FAMILIA
PASTOR DE CASA DEL PADRE, PERÚ

El autor de éxitos de librería, Héctor Teme, sus conferencias y material me han impulsado a maximizar mis capacidades y a impregnar con mi mejor aroma a los que me rodean. Con Dios, nuestras buenas actitudes, nuestras obras y nuestra manera de tratar a las personas podremos lograr lo extraordinario. ¡Gracias, Héctor!

CELI MARRERO
MEDIA PLANNER Y PUBLICISTA
PUERTO RICO

Desde que conocí a Héctor quedé impresionado por su sabiduría y capacidad para tratar temas muy profundos de la vida. Ahora que he podido ser parte de los cursos de coaching, puedo afirmar que no solo ha sido una experiencia para adquirir conocimiento, sino que ha sido toda una transformación de la forma en que puedo percibir el futuro, de forma clara y ordenada, en mi vida y en el ministerio.

RAÚL MARROQUÍN
PASTOR, CASA DE DIOS
GUATEMALA

Conocí a un Héctor mucho más joven que hoy hace muchos años, cuando estaba dirigiendo Editorial Vida. Llegaron un manuscrito y tres mil ideas acerca de él. Me impactó su compromiso con su mensaje y su ministerio. Hoy, con unos años más encima lo observo renovado, con más energía y ya no con tres mil ideas, ahora con 30,000, fruto de su experiencia y su observación: el enfoque de un coach que siempre está dispuesto a renovarse a través de una nueva pregunta. Me bendicen su vida y su amistad.

ESTEBAN FERNÁNDEZ
PRESIDENTE
SOCIEDADES BÍBLICAS BIBLICA

El caminar en el mundo empresarial en este siglo es una tarea apasionante, vertiginosa y altamente volátil, donde el éxito se alcanza y sostiene solamente viviendo en estado permanente de aprendizaje. Y es precisamente el establecer un proceso de aprendizaje profundo la mayor aportación del coaching cristiano que Héctor ha aportado a mi vida. Como mi coach y el de la organización que dirijo, él nos ha guiado paso a paso.

Hoy nuestra organización tiene una visión clara de su futuro, y gracias a Héctor esto es tremendamente estimulante.

LEONARDO VIZNAHI
GERENTE GENERAL DE INTACO ECUADOR

PUNTO

de

PARTIDA

DESCUBRE, DISEÑA Y DISFRUTA
TU MEJOR MAÑANA HOY

PUNTO
de
PARTIDA

DESCUBRE, DISEÑA Y DISFRUTA
TU MEJOR MAÑANA HOY

HÉCTOR TEME

WHITAKER
HOUSE
Español

Editado por: Ofelia Pérez

Punto de partida
Descubre, diseña y disfruta tu mejor mañana hoy

ISBN: 978-1-64123-067-4
eBook ISBN: 978-1-64123-068-1
Impreso en Colombia
© 2018 por Héctor Teme

Whitaker House
1030 Hunt Valley Circle
New Kensington, PA 15068
www.whitakerhouse.com

CONTENIDO

INTRODUCCIÓN

Este es tu **punto de partida.**

Tu comienzo.

Quizás ya vienes con algunas millas recorridas. Algunas, cuesta arriba. Otras, peor… Cuesta abajo. Quizás solo vas hacia adelante, en un camino monótono gris, sin saber adónde lleva.

Igual, este es tu día.

Un día donde podremos juntos elegir quienes queremos ser, adónde queremos ir, y disfrutar el trayecto.

Es ambicioso el proyecto para algunos. Para otros, imposible. Pero piensan eso porque les falta conocer herramientas de este nuevo tiempo que les permitirá ver cómo es posible. Y práctico.

El **punto de partida** se asemeja para muchos como la largada.

Un desafío incierto con obstáculos y adversidades, con competidores y luchas.

Ir hacia el futuro desde allí es lo que cotidianamente realizan tantos esforzados en la vida. Pero **punto de partida** es diferente. Es el lugar desde donde elijo ir. Sin futuro, sin pasado, sin presente. Y con todos ellos involucrados a la vez para poder comenzar a ser quien quiero ser, más allá de las circunstancias, situaciones o problemas, por más grandes que sean.

Punto de partida es un estilo de vida que viene desde el futuro que elegimos. Que trae el pasado del que aprendemos. Y que disfruta el presente minuto a minuto porque estás vivo. Y porque entendiste las nuevas reglas del siglo 21.

PUNTO DE PARTIDA ES UN ESTILO DE VIDA QUE VIENE DESDE EL FUTURO QUE ELEGIMOS.

Punto de partida es el sistema de pensamiento que te ayudará a vivir cada día conectando con tu interior, con tus situaciones y con las personas, desde tu mejor yo, desde tu maravillosa posibilidad de desarrollo.

Punto de partida no es solo desde donde salgo; es donde me paro ante la vida.

No estoy en un extremo de emociones y abismos.

No me encuentro encerrado en mi ayer.

Me paro de frente erguido con la mirada hacia adelante, con los brazos abiertos y con el equilibrio de la seguridad.

Podemos ser felices a pesar de lo que pase afuera.

Podemos cambiar el afuera porque comenzamos adentro.

Podemos ser perseverantes porque sabemos hacia dónde vamos.

Podemos ir con certeza porque ya estuvimos allí.

Punto de partida es una manera de vivir la vida cada día; no solo uno, sino uno a la vez.

Si tu pasado te oprime, si las circunstancias te limitan, si tu mirada sobre las cosas está nublada, si el futuro es incierto, **punto de partida** es el camino que te permitirá cambiar eso. Y no porque nuevas cosas sucederán, sino porque tú serás nuevo ante las cosas.

PARTE I

DESCUBRE

CONVICCIÓN – CONVERSAR – COMPRENDER

CONVICCIÓN 1

1.1 La convicción se prepara

La convicción se prepara; no se improvisa.

Tu punto de partida. Nuestro punto de partida.

Uno de los temas que nos han ocupado en estos años no es solo un punto de partida personal, sino cuando no eliges llevar adelante ese proceso porque estás preocupado por tus hijos, por tu esposa, por tu esposo o por todos ellos.

LA CONVICCIÓN SE PREPARA; NO SE IMPROVISA.

Cuando no puedes pensar con claridad porque sus futuros están en tinieblas, y ni siquiera te animas a cambiar tu pensamiento por miedo a que todo se ponga peor.

Punto de partida desde la convicción es dejar de gestionar desde la necesidad.

Tu precio no es tu necesidad de hoy. Es tu valor. Es tu grandeza. Son tus posibilidades. No te entregues en los brazos de la calamidad, del mundo de la angustia. Tú vales mucho más que eso. Eleva tu mirada, que cuando veas la cima, la verás tallada con tus valores.

Amo poder ayudarte a ver la cima, pero debes saber que yo también he venido del valle de la necesidad. No creas que he nacido exitoso.

> **PUNTO DE PARTIDA DESDE LA CONVICCIÓN ES DEJAR DE GESTIONAR DESDE LA NECESIDAD.**

Hoy puedo entender que mi punto de partida es poderoso, pero no siempre fue así.

Provengo de una familia amante de la reacción. Reaccionarios en las finanzas, reaccionarios en las emociones, reaccionarios en la manera de relacionarse con la adversidad. Es interesante levantarte cada mañana sin saber qué va a pasar contigo. Los trabajos que se buscaban o generaban eran todos con una gran cuota de incertidumbre.

También tenía un padre que le había dado el poder de su vida a todo lo que estuviera fuera de él. Su prosperidad, a la suerte; su inspiración, a las musas; su humor, al alcohol; su ánimo, a con quien estaba. Mientras mi madre cada día bajaba los problemas a tierra y buscaba resolverlos uno a uno, él buscaba algo o a alguien que se los resolviera.

Ser un adolescente en medio de personas animistas es difícil. A todo lo que hay alrededor le dan vida para sentirse mejor, para sentirse plenos, para poder hacerlo.

Esta manera de ser los llevaba de fracaso en fracaso. Hasta cuando salíamos de vacaciones eran angustiantes. A veces mi padre desaparecía y uno no sabía si tendríamos el dinero para volver.

He salido a la vida sin saber dónde quedaba.

He buscado ver más cuando todos alrededor de mí prendían penumbras, y te invitaban a creer que media luz era suficiente para caminar y crecer.

No quiero eso para ti.

Dentro de ti hay una llama que nada ni nadie puede ni debe apagar.

Y si te pasó como a mí, recuerda que hay esperanza. Levanta la mirada y ve hacia el futuro con optimismo. ¡De seguro llegarás lejos!

Lo que a ti te pasa le está pasando a muchos.

El mundo ha cambiado vertiginosamente, y nuestras miradas no pueden percibir cómo lograr el equilibrio y desarrollo que deseamos para nosotros y nuestras familias.

Es como que la vorágine del cambio y las nuevas reglas van demasiado rápido. Pero no es solo un tema de velocidad, es un tema de comprender lo que está pasando.

No hay peor cosa que querer ver el cambio con los ojos de ayer.

Muchos buenos intencionados desean ver el cambio, pero solo pueden verlo desde sus viejas formas o desde sus sistemas de pensamiento, que en algunos casos no tienen la flexibilidad que estos tiempos necesitan.

Llevo muchos años escuchando hombres y mujeres como tú y como yo desanimados con la vida que viven, cargando la pesada carga de las acciones por reacción, de no saber si van o simplemente están haciendo más de lo mismo.

Si te sientes así, sé lo que es eso. A diario escucho líderes, personas de influencia o simplemente hombres y mujeres contarme que sus días solo son un devenir, una constante práctica de repetir, y que quieren salir de allí.

Quieren dejar de tener incertidumbre del mañana o que los hechos del ayer (algunos desgarradores de conciencia y otros de corazones) dejen de perturbarlos.

Y los conecto con lo mismo que te traigo en estos escritos; que pueden hacer un alto y elegir su punto de partida. Que visionen el futuro, no como una acción, sino como una conversación, y que desde allí volvamos al presente y juguemos el juego de lo que nos falta.

Y sus rostros cambian, sus ojos se agrandan, sus mejillas toman color, y me miran con ánimo pronto.

Pareciera que volvieran a vivir.

El poder asomarse siquiera a la idea de que pueden hacerse cargo de su futuro los enciende. Y los anima a ir por más...

Primero debemos trabajar dos de los grandes derrotadores de la vida de quienes desean hacerse cargo. La distancia y la temporalidad.

Distancia y temporalidad son palabras que han cambiado, igual que el contexto donde se mueven.

1.2 Distancia y temporalidad

La distancia era una realidad geográfica donde las posiciones eran fijas.

El teléfono era fijo, el trabajo era fijo, la iglesia era fija, la familia se juntaba en el mismo sitio.

Este concepto ha desaparecido.

Ya no vivimos bajo el concepto de A DISTANCIA, sino de SIN DISTANCIA, y hay que entender que todo es móvil y permeable, flexible y dócil, fácil de diluirse si algo o alguien no lo sostiene.

Todo se entendía en la mirada de distancia como pasos, puntos, líneas, trayectos. Y la acción era cubrir la distancia de un lugar a otro.

¿No será que el pretender vivir la vida SIN DISTANCIA bajo los pensamientos geográficos, y fijos de A DISTANCIA nos están quitando el poder que necesitamos tener para estos tiempos?

Y el tiempo… Antes uno podía medir la vida, los después, los entonces, con una conciencia de evento, de punto fijo, de lugar.

Hoy el tiempo ha migrado a otro concepto. Se puede ir por el haciéndose cargo del proceso, y no solo del punto fijo temporal. La pregunta en estos tiempos no es CUÁNTO FALTA sino QUÉ FALTA.

De un mundo resultadista con medición en acciones y eventos, a un proceso donde todo el tiempo es un tiempo apasionado, al comienzo y al final, porque se ha iniciado los comienzos y finales, hay un trecho.

El tiempo hoy puedes observarlo desde la mirada del proceso, de la experiencia, de ver lo que no veías, desde el tomarlo como espacios de aprendizaje.

NO ES SOLO SABER MÁS LO QUE TE HARÁ DIFERENTE, SINO VER MÁS.

Es así como debes dar diariamente un punto de partida en una sociedad SIN DISTANCIA, con tiempos medidos por procesos de aprendizaje, en experiencias constantes y recurrentes, y no eventuales y puntuales.

Y no todos están preparados para las nuevas reglas. Pero tú lo estarás, si sigues este desarrollo paso a paso. Porque no es solo saber más lo que te hará diferente, sino ver más.

En un mundo sin distancias ya no hay que ser un intrépido que busca conocer nuevos mares, sino alguien que esté dispuesto a mirar con nuevos ojos la costa.

Sí. Un mundo distinto. Si solo salgo a la vida entendiendo que tengo que empezar, es probable que pronto termine. Porque esos modelos ya no alcanzan. Es como intentar medir el hielo en metros cúbicos porque antes fue agua.

Puedes estar desconcertado cuando buscas ir por nuevos desarrollos creyendo que todo lo que aprendiste ayer te servirá. Y quieres tomar como punto de partida el modelo del siglo pasado.

En aquellos tiempos se vivía bajo el paraguas de la razón. Todos los pensamientos, las acciones, y las interpelaciones se basaban en la búsqueda constante de lo correcto.

> ## HOY YA NO VIVIMOS EN LA ERA DE LA RAZÓN, SINO EN LA ERA DE LA CONEXIÓN.

El lenguaje se usaba para describir lo que pasaba y ver con quiénes estábamos de acuerdo y con quiénes no. Ese tiempo ha desaparecido.

Hoy ya no vivimos en la era de la razón, sino en la era de la conexión.

No solo me relaciono con quienes estamos de acuerdo, sino con aquellos que elijo construir un futuro mejor.

Y para eso busco estar de acuerdo; no tener razón.

La convicción se prepara…

Punto de partida puede ser un espléndido lugar cuando estoy bien.

Es ese contexto donde elijo caminar hacia la visión pudiendo tener el tiempo para prepararme, las circunstancias me favorecen y las personas me ayudan.

Pero, ¿qué pasa cuando necesitas plantearte un punto de partida desde un hospital o en la soledad de la adversidad?

Miles de veces he tenido que trabajar con líderes organizacionales en ayudarlos a gestionar desde la convicción y no desde la necesidad; desde la reacción, desde la emoción, desde el límite.

La convicción no se vive en el momento, sino que se prepara. A diferencia de la emoción o de la circunstancia que aparecen, la convicción viene conmigo.

No puedes llegar a la situación que toda la vida has estado esperando, y no estar preparado.

Encontramos muchos que están listos para el éxito, pero no están preparados. Que miran su futuro como un camino lineal de pruebas y errores, en vez de verlo como un contexto de generación, donde su punto de partida es su convicción y no su condición.

> QUE TU PUNTO DE PARTIDA SEA TU CONVICCIÓN, Y NO TU CONDICIÓN.

Que tu punto de partida sea tu convicción, y no tu condición.

La preparación es el grado más alto de creencia. Mientras que todo nos invita a tener una convicción instantánea, la que trae frutos y resiste los embates cotidianos es la que viene preparada.

Punto de partida implica una toma de conciencia y un compromiso a prepararse espiritual, familiar, laboral y financieramente.

Los tiempos que le dedicas a tu convicción serán tiempos que le dedicarás a tu éxito futuro. Meditar, ayunar, orar, instruirte, sentarte a los pies del Maestro te dará la base para una convicción sana y duradera.

Punto de partida es una cotidiana manera de llevar nuestras convicciones más allá de las circunstancias.

Necesitamos prepararnos para que **punto de partida** sea ese estilo de vida cotidiano para cualquier momento, y que si me encuentra en medio de lágrimas, igual sea tan poderoso que me permita llevarlo a cabo.

Y no es solo ser fuerte.

Convicción entrenada es ver lo que no ves.

Convicción entrenada es no flaquear.

Convicción entrenada es aprender en la prueba.

Convicción entrenada es caminar erguido.

Convicción entrenada es ser soporte a otros.

La preparación de la convicción es indispensable para ir por cosas más grandes sin desfallecer.

¿Cómo lo hago?

LA PREPARACIÓN ES EL GRADO MÁS ALTO DE CREENCIA.

Al estudiar la forma en que las personas nos relacionamos con el futuro, podemos ver que todos nos dedicamos a tratar de conocer todas las alternativas, luego buscar cuál es la correcta y al finalizar, recién actuamos.

Así es como todos lo hacemos. Sea una meta, o sea algo puntual. El mecanismo que usamos es: conocemos, decidimos, y actuamos.

Y este proceso lo llevamos a cabo en todas las áreas de nuestras vidas. Pero ya no alcanza. Es el modelo que vive condiciones y no convicciones. Que busca saberlo todo y no entenderlo todo. Que te hace creer que el poder está en el hacer, sin importar si ese hacer está realizado por seres que sus contextos son las dudas o la falta de entendimiento.

Conozco, decido y actúo ya no alcanza.

Hay dos razones por las que no alcanza: la rapidez del mundo actual y la sobredimensión de ofertas.

Déjame hablarte de ambas.

1.3 Rapidez

Siglos atrás las personas que vivían en aquel tiempo lo hacían en un mundo estático. La forma como se pensaba y se hacían las cosas tenía un ritmo mucho más lento que el actual.

A nadie le molestaba el pensar que para llegar de un lugar a otro tardaría tres meses. O que el marido iría cabalgando a la tienda del pueblo de al lado y vendría en un día.

El tiempo se medía de manera diferente. Sus ritmos eran otros. Los cambios en la cultura se producían cada cien años. Las personas tenían tiempo de asimilarlos y de poder formar parte de ellos.

La relación con el tiempo era otra. Las personas se sentaban a leer y pasaban tiempo para desarrollarse. Hoy uno ve a todo el mundo con la cabeza en el celular mientras camina, mientras maneja su carro y espera en el semáforo, y en cada reunión social.

Estamos tan apurados a vivir el mañana, que rápido todo se convierte en ayer.

Hoy todo está a la distancia de un milisegundo. Rapidez es sinónimo de existencia y lentitud, de fracaso; de no estar presente.

Vemos a gran cantidad de personas que buscan ir hacia un nuevo resultado cada día, pero que mueren detrás de la reacción del instante.

Recuerdo estar entrenando una multinacional con sede en los Estados Unidos, especializada en el transporte intercontinental. Antes cuando los camiones llegaban con mercancías hacían su fila lentamente, se saludaban unos a otros, se presentaban y con esmero y paciencia esperaban su turno. Hoy, apenas llegan al lugar, tienen detrás un coordinador de logística que sigue su ruta. No pueden dedicarle mucho tiempo a estar allí porque tienen asignados tiempos específicos para ir de un lugar a otro. La pérdida de tiempo es fracaso. Y no nace de la falta de confianza en el conductor, sino en la pérdida de eficacia y, por ende, de debilidad mostrada ante la competencia: el llegar tarde, el perder minutos, el no respetar la hoja de ruta y sus tiempos. Bajan apresurados del camión en busca de que sus reclamos de llegar a otro lugar y de estar siendo monitorizados, sean atendidos.

La compañía debe reaccionar a la rapidez. No solamente ser rápido. Porque la conciencia de rapidez es hoy más que simplemente premura. Es entender que todo está controlado, vigilado y monitorizado al milésimo.

La rapidez en que llega la información de un lugar a otro y el saber que está en el otro lado hace que las personas tengan que saltar de un deber a otro sin poder concluir nada en profundidad.

Rapidez es la consigna. Profundidad parece estar en desuso.

He trabajado en ayudar el punto de partida de personas, organizaciones, iglesias y gobiernos. Y podemos hacer que tu manera de relacionarte con la rapidez cambie.

La rapidez de los tiempos se puede trabajar con una agenda 3/3. Así le llamamos porque buscamos hacernos cargo de la agenda de las próximas 3 semanas: y es tres porque es vista desde la creatividad, la verificación y la implementación. Tenemos un responsable por cada semana y buscamos llevar todo a un lenguaje generativo.

Cada semana me reúno con mi equipo o personal, y planteo lo que decido que suceda en mi vida en 3 semanas. Ese será el espacio de creatividad e innovación. Usamos un lenguaje generativo y desarrollado para ver lo que deseamos que pase y lo que nos falta. Hacemos pedidos y ofertas para bajar a tierra la mirada.

Luego conversamos lo que va a suceder dentro de dos semanas. Lo que la semana pasada fue el espacio creativo hoy se convierte en el espacio verificativo, y desde allí veo que estén los contextos y las acciones encaminadas para el logro. Si las conversaciones están abiertas. Si se logró el estándar buscado.

Y luego conversamos sobre lo que pasará esta semana. Y se convierte en un tiempo de implementación. No hay espacios para el conocimiento ni para el empoderamiento; solo para que se haga.

Checamos lo que se va a hacer.

También buscaremos tener un tiempo de *feedforward* (modificación de un proceso utilizando resultados anticipados; retroalimentación anticipada) de lo que sucedió.

El mismo será conforme a lo que deseamos que pase.

Puedes ser más que la premura del tiempo. Puedes caminar sobre él sin reaccionar al instante. Puedes buscar hacerte cargo de los nuevos tiempos con creatividad, verificación e implementación. Tu punto de partida no tiene por qué ser reaccionario, sino ser ejecutivo. Y que las reglas actuales no te quiten del juego, sino que puedas ser más poderoso que la situación y su temporalidad.

1.4 Sobredimensión

En la antigüedad (y uso ese término para mencionar todo tiempo pasado desde el siglo veinte para atrás) las personas estaban acostumbradas a tener una o a lo sumo dos opciones.

El vivir en el mundo de la razón, normalmente se estaba en lo correcto o en lo incorrecto. No existían mil gamas diferentes de correcto y otras mil gamas diferentes de incorrecto. Y para muestras basta un botón.

Si tú ibas a una tienda a elegir un *jean* podías elegir entre una marca u otra; las otras dos que venían por detrás. Pero hoy vas a comprar un *jean* y tienes 30 opciones: si es corto, o *skinny*, o recto, o con la cintura elastizada, o *relaxed fit*, etc.

Se hizo un estudio que reveló que los niveles de estrés en las compras están en la gran cantidad de posibilidades que la persona tiene, y que no importa cual compre, siempre se queda con el sabor amargo de lo que no eligió.[1]

Antes se conocía que había pocas opciones, y se tomaba una decisión simplemente.

El psicólogo Barry Shwartz nos explica muy bien cómo son de ambiguos estos tiempos. Él plantea que en el mundo de la libertad tener mayores

---

Schwartz, Barry: *The Paradox of Choice*, Ecco 2016.

opciones para elegir pareciera producir mayor libertad. Esto suena muy bonito, pero no es así. Él nos menciona el tema de las expectativas.

Y dice: "Escala de expectativas. Me di cuenta de esto cuando fui a reemplazar unos *jeans*. Visto *jeans* casi todo el tiempo. Y hubo una época en que los *jeans* eran de un solo tipo, los comprabas, te quedaban horribles, eran increíblemente incómodos, y si los vestías el tiempo suficiente y los lavabas las suficientes veces, empezaban a sentirse bien.

"Así que fui a reemplazar mis *jeans* después de años y años de usar los viejos, y dije: 'Quiero unos *jeans* de esta talla'. Y el vendedor de la tienda dice: '¿Los quiere ajustados, justos, o sueltos? ¿Los quiere con bragueta de botones o cierre? ¿Deslavados a piedra o en ácido? ¿Los quiere aflojados? ¿Los quiere de corte recto, estrecho, bla, bla bla...?', y así se siguió. Se me cayó la quijada y cuando me recuperé, le dije: 'Quiero del tipo que solía ser el único tipo que había'.

"El vendedor no tenía idea de lo que era, así que me pasé una hora probando todos estos pantalones, y salí de la tienda, la verdad sea dicha, con el *jean* que mejor me ha quedado. Mejoré. Toda esta elección me permitió mejorar. Pero me sentí peor. ¿Por qué? La razón por la que me sentí peor es que, con todas estas opciones disponibles, mis expectativas acerca de un par de *jeans* se fueron para arriba. Yo tenía expectativas bajas. No tenía expectativas particulares cuando solo había un tipo. Ahora que vienen en 100 diferentes, uno de ellos ha de ser perfecto. Y lo que obtuve fue bueno, pero no fue perfecto. Así que comparé lo que obtuve con lo que esperaba, y lo que obtuve fue decepcionante en comparación a lo que esperaba. Agregar opciones a las vidas de las personas inevitablemente incrementa las expectativas que las personas tienen sobre lo bueno que esas opciones tienen. Y lo que eso va a producir es menos satisfacción con los resultados, aun cuando los resultados sean buenos."

Barry Shwartz nos hace ver que la sobredimensión de estos tiempos ha elevado las expectativas, y a pesar que tenemos más opciones y encontramos mejores respuestas, las mismas generan mayor insatisfacción.

Tu punto de partida comienza cuando eliges soltar las expectativas y te paras en tu compromiso y en tu entrega.

La rapidez de los tiempos, sobredimensionar la oferta y las personas subiendo sus expectativas hacen que haya muchas personas estresadas.

Nuestro punto de partida es salir de esos modelos que nos tienen, y elegir entrar en un proceso de preparación y estiramiento constante basado en el compromiso.

La gran conversación que debemos tener es cómo relacionarse con el futuro.

Tú puedes ser tus circunstancias o puedes ser tus convicciones.

Para ser tus convicciones y llevarlas a la acción tenemos que prepararnos. Tenemos que empezar a trabajar nuevos sistemas de pensamiento. No hemos sido creados para verlo todo o tener una percepción global de todo.

> CUANDO BUSCAS UN MAÑANA CON LAS MANERAS DE AYER, SOLO ESTARÁS REPITIENDO UN FUTURO QUE REPETIRÁ EL PASADO.

Hasta físicamente… solo vemos 180 grados. También en las otras áreas de nuestras vidas. Tenemos áreas de visión y áreas de ceguera. Porque es el gran tiempo de no solo saber más, sino ver más. Si confiamos nuestras decisiones a nuestros sentidos, es probable que muchos tomemos acción desde nuestras cegueras, más que desde nuestras visiones.

Se sabe que constantemente la mente, conforme a sus niveles de percepción, añade, sustrae, reinterpreta o cambia lo que estás viendo. Que uno mira conforme a lo que distingue. Y que distingue de acuerdo a sus modelos mentales, su historia, su cultura, su biología (para profundizar más sobre esto te invito a leer mi libro *Emociones que conducen al éxito*).

Debemos checar que nuestro punto de partida no sea nuestras percepciones, sino nuestras convicciones.

El punto de partida hacia quien elegimos ser no estará en lo que sabemos solamente, sino también, y más profundo aún, en lo que vemos.

Hay personas que van hacia el resultado y lo hacen con la misma manera de ser que tenían ayer.

A eso le sumas las nuevas reglas de juego y encuentras más y más personas frustradas y estresadas.

Cuando buscas un mañana con las maneras de ayer, solo estarás repitiendo un futuro que repetirá el pasado.

¿Desde dónde miras?

Desde lo que están mirando muchas personas hoy. ¿Miras desde las expectativas? ¿Miras desde las suposiciones? ¿Miras desde las circunstancias? ¿Miras desde las emociones? o ¿Miras desde las reacciones?

> EL AMOR NO TIENE EXPECTATIVAS. EL AMOR ES ENTREGA. EL AMOR ES COMPROMISO. EL AMOR ES DARLO TODO SIN ESPERAR A CAMBIO.

Si estás en esta lista, probablemente estés con problemas. Y sientas que estás en un punto de partida estresado.

Te invito a estar estirado y no estresado.

Y hay una diferencia entre estirado y estresado.

El estresado no le alcanza la manera de ser porque ya desde el comienzo está parado en las expectativas, lo instantáneo y la oferta sobredimensionada.

¿Qué tal si en vez de tener expectativas tienes amor?

El amor no tiene expectativas. El amor es entrega. El amor es compromiso. El amor es darlo todo sin esperar a cambio. El intercambio sí tiene expectativas. Algunos viven relaciones de amor con expectativas. Me gusta pensar "expectativas cero, compromiso cien".

Imagínate relaciones de pareja cien por ciento compromiso, donde ambos viven en la entrega del uno para con el otro. Por eso un matrimonio no son dos mitades, sino el doble de poder.

Eso no significa que uno vive la vida sin expectativas. No. Simplemente que no baso mi caminar en mis expectativas. Mi fuente es el compromiso. Mi fuente es el amor.

No me relaciono con las personas desde lo que estoy esperando de ellos, sino desde la visión que tenemos juntos.

Estoy escribiendo este capítulo en medio de una salida romántica con mi esposa. Esta vez nuestra salida fue París. No fue simplemente a comer a unas millas de casa, sino una semana entera fuera de todo lo que habitualmente hacemos y llegar al lugar romántico por excelencia.

No tenía de París la mirada que tengo ahora después de conocerlo.

Cada callecita, cada edificio, hasta sus aromas están listos para que uno viva enamorado.

Llegamos para festejar 30 años de casados. Y te aseguro que 30 años no se nutren de expectativas, sino de mucho compromiso, amor y entrega.

Cuando tu contexto es que tu punto de partida sea el compromiso el uno por el otro, esa pareja no son dos mitades, sino el doble de poder.

Me da mucha pena aquellos que buscan que su pareja sea "su otra mitad".

¡Yo busco que sea mi otro cien!

Imagínate en tiempos de debilidad, de condiciones que te llevan a emociones fuertes, o flaquezas. En aquellos momentos en donde tienes que avanzar a paso firme. Es mejor estar al lado de alguien comprometido y no de alguien consentido. Alguien que base su vida en amarte sin reservas y no alguien que te ame con la reserva.

No se puede ir hacia el futuro sin el tanque lleno del amor y la entrega.

Si este es tu caso, que hoy sea un punto de partida para cambiarlo.

Sé tu convicción y no tu condición, y que la entrega sea una manera cotidiana de vivir la vida.

Anoche subimos al Arco del Triunfo, caminamos por las Campos Elíseos, comimos en un restaurante parisino y tomamos un café en un pequeño lugar con personas que se miraban de cerca y se hablaban bajito.

EL AMOR ES ENTREGA. LA ENTREGA ES COMPROMISO. EL COMPROMISO ES UNA DECLARACIÓN.

Y sonreímos. Y con el rostro brillante nos amamos. En cada declaración, en cada circunstancia. E hicimos de ese lugar nuestras memorias de intensidad. De cada momento de nuestras vidas y como deseamos estar.

La convicción se prepara.

Nuestras hijas tomaron su tiempo y su dinero, y nos obsequiaron este maravilloso viaje que mejoró nuestra existencia. No llegamos a él por casualidad, sino por preparación. Cada letra y cada tilde que escribo vienen cargados del compromiso de un mundo mejor que mis hijas eligieron para Laura y para mí cuando se comprometieron a regalarnos este hermoso tiempo de aniversario.

La convicción se prepara. El amor es entrega. La entrega es compromiso. El compromiso es una declaración.

¿Qué tal si hoy eliges declarar desde tus convicciones y compromisos a ser amor en medio de tu mundo actual?

¡Te puedo asegurar que París vendrá a ti!

1.5 Compromiso

Partir de modelos que no coinciden con los estándares de este tiempo te llevará por caminos sin salida.

Sabemos que hay personas, organizaciones, iglesias y gobiernos que se siguen manejando con miradas y formas que no les hacen bien a ellos ni a nadie.

Uno de estos modelos es el de EXPECTATIVAS, SUPOSICIONES, CIRCUNSTANCIAS Y EMOCIONES. Si toda la manera de pensar, decir y actuar está en esta línea, su desarrollo estará lejos de aquellos que vienen con nuevas formas.

Expectativas	≠	**Visión**
Suposiciones	≠	**Conversaciones**
Emociones	≠	**Elecciones**
Circunstancias	≠	**Compromisos**
Reacción	≠	**Acción**

Compromiso, visión, conversaciones y elecciones es el camino por el cual la vida será más linda y plena en cada momento.

Uno de los grandes puntos que te llevan a ir hacia nuevos lugares es el **paradigma del compromiso.**

A veces estamos muy preocupados por nuevas técnicas o conocer muy bien el mercado, o relacionarnos bien, cuando no nos damos cuenta que necesitamos entrenar, reentrenar a nuestros equipos empezando por nosotros, para empezar a trabajar en la **era del compromiso.**

> **COMPROMISO, VISIÓN, CONVERSACIONES Y ELECCIONES ES EL CAMINO POR EL CUAL LA VIDA SERÁ MÁS LINDA Y PLENA.**

Y el **compromiso** tiene que ver con nuevos desafíos, objetivos superadores, con ir por grandes cosas, con creerme que lo puedo hacer, y no simplemente con el hecho de decir: "Bueno, pobrecito de mí".

Necesitamos también **cambiar nuestro modelo paradigmático** o pensar ¿cómo me relaciono con la acción?

Jesús decía: "*Y nadie echa vino nuevo en **odres viejos**".*[2]

Einstein decía: "El mundo como lo hemos creado es un proceso de nuestro pensamiento. No puede ser cambiado sin **cambiar nuestro pensamiento.**"[3]

¿Lo voy a hacer siendo de aquellos que están viendo la **crisis,** o lo voy a hacer siendo de aquellos que están viendo la **oportunidad?**

Una de las peores cosas que nos hizo el siglo pasado y que traemos es nuestra **manera de relacionarnos con la acción.**

---

2. Lucas 5:37.
3. Consultado en línea: http://lifeder.com/frases-de-albert-einstein/

Voy a profundizar un poco. Hace cuatrocientos años Descartes, un filósofo francés, planteó **"Pienso; por lo tanto, existo"**. ¿Quién escuchó esta frase alguna vez? Este concepto "Pienso; por lo tanto, existo" se llevó luego a todo el mundo. Tú te encuentras que se llevó a cualquier acción y se planteó del siguiente modo: **"Conozco, decido, actúo"**.

Y este es el **sistema de pensamiento** que tiene la gran mayoría de las **personas. Aunque** es un sistema viejo, perimido, obsoleto, que no sirve más.

Muchos siguen trabajando con el concepto paradigmático de: "Tengo que conocerlo todo, para luego decidir, para luego actuar". No alcanza, porque cuando tú tratas de conocerlo todo, el mundo está cambiando tan rápidamente que cuando fuiste a decidir, terminas siendo **"cocodrilo convertido en mocasín"**.

1.6 El cambio y su ambigüedad

El mundo cambia de manera constante, y ese cambio algunos lo ven como una rueda que gira de manera rápida.

Yo lo veo más como un trapecio.

Punto de partida es estar parado en un trapecio. Sabemos hacia dónde tenemos que ir y quien elegimos ser. Es como un malabarista que sabe que tiene que balancearse e ir hacia el segundo trapecio. Estamos agarrados del primer trapecio y nos balanceamos hacia el segundo.

Y nos balanceamos y nos balanceamos y la única manera de llegar al segundo trapecio es soltarse.

Y en el acto de soltarse nos encontramos en un espacio entre el primero y segundo trapecio de abismo, de inseguridad, cambios, incertidumbre. Entonces, ¿qué pasa con muchos? No se sueltan.

¡Se balancean! ¡Pero no se sueltan! Tienen un movimiento hacia el futuro, pero no logran pasar al segundo trapecio.

Tratan de llegar a nuevos resultados con viejas formas.

El modelo que estamos planteando es: Si estás parado en expectativas, suposiciones, emociones, circunstancias y reacciones, te vas a estresar.

Te planteamos que cambies ese modelo por un nuevo modelo, que es:

Visión, conversaciones, elecciones, compromisos, acción.

Depende de en qué lugar del liderazgo tú estás. Tú lideras acuerdos. No lideras tan solo procesos o circunstancias.

Te lo pongo más fácil… vamos por el resultado. Piensa que todavía estamos en el viejo modelo. Y tenemos a todo el mundo yendo detrás de un resultado. Lo primero que me pregunto es si vamos a ser nuestras circunstancias o vamos a ser nuestras convicciones.

Mientras escribía este relato sonó el teléfono, y era uno de los gerentes de una multinacional a quien tengo el gusto de hacerle *coaching*.

Me contaba que los indicadores de este mes estaban siendo más bajos de lo que suponían. Y que esto no era producto solamente del mercado que se estaba cayendo, sino que

¿ERES TUS NECESIDADES O ERES TUS CONVICCIONES?

practicando lo que habían aprendido conmigo se percataron que era que su competidor más férreo había comenzado el año con una agresiva campaña de captación de los grandes clientes mayoristas. Y que esto había comprometido los resultados, pero por sobre todo, las emociones.

Todos venían de hacer meses brillantes, y ahora tenían que elegir si iban a ser sus circunstancias o sus convicciones.

Los tomó de sorpresa y sus emociones estaban teñidas por lo que pasaba. Era un buen momento para pensar desde qué punto partirían. ¿Serían quienes eligen ser o serían lo que salga, lo que puedan, lo que les toque?

¿Serán parte de la fila de aquellos que esperan, o de quienes buscan ser una posibilidad?

No se puede llegar al segundo trapecio, al nuevo lugar, simplemente tratando de cambiar las circunstancias.

¿Eres tus necesidades o eres tus convicciones?

Da pena ver personas que gestionan desde la necesidad.

Millones de personas en el mundo viven sus 24 horas gestionando desde la necesidad.

Su lenguaje. Sus pensamientos. Sus acciones están llevadas por la necesidad.

Y se mueven y relacionan desde allí. Tienen relaciones por compromiso y no compromiso a la relación.

SUÉLTATE DEL TRAPECIO.

Rapidez, sobredimensión, estrés, ambigüedad son espacios desde el que muchos quieren hacerse cargo del futuro. Cuando en realidad debemos aceptar la rapidez y construir sobre ella; no caer en la insatisfacción de la sobreoferta y trabajar desde el compromiso con la visión; tener todo el espacio como un espacio de entrenamiento que amplíe nuestra superficie; no dejarnos llevar por el estrés que produce un modelo que no alcanza; y elegir soltarnos a pesar de la ambigüedad de que el siguiente trapecio esta allí esperándote.

La convicción se prepara más allá de lo que pase afuera y usando las herramientas correctas. Suéltate del trapecio. Anímate…

CONVERSAR

2

2.1 Lenguaje, visión, compromiso

Lo pongo en el lenguaje, lo visiono estratégicamente y tengo una acción comprometida.

Tu punto de partida puede ser poderoso.

> LO PONGO EN EL LENGUAJE, LO VISIONO ESTRATÉGICAMENTE Y TENGO UNA ACCIÓN COMPROMETIDA.

Y elegir cada día partir desde una manera de ser que articule con tu visión y no con las circunstancias, es poderoso. Descubres que no puedes partir desde el modelo de tratar de conocerlo todo antes de actuar, porque llegaste tarde y tu relación con la distancia, el tiempo, la rapidez, la oferta, el estrés, y la ambigüedad debe cambiar.

Y tú puedes hacerlo.

Cientos de miles ya están relacionándose poderosamente con su futuro porque eligieron un punto de partida diferente. No desde la incertidumbre o la lucha. No desde emociones fuertes, sino desde un claro modelo de mirar, ser, de relacionarse y actuar que le llamamos Métodocc y su módulo LVC.[4]

Todos aquellos que elegimos ir hacia el futuro con éxito y logros, nos hemos preguntado si hay una manera especial, una forma única, algún ejemplo que nos haga ver cómo hacerlo.

A mí me gusta pensar en las opciones que la Biblia nos muestra.

Creo en el poder de las escrituras para darnos, no solo conocimiento, sino también entendimiento.

Y nuestro contexto recurrente de punto de partida para convertir en un estilo de vida debe ser a partir del entendimiento. ¿Qué mejor que ver lo que dice la Palabra de Dios en cuanto a ello?

TODO LO QUE NO ESTÁ EN TU LENGUAJE NO EXISTE.

Es interesante notar que en Génesis vemos la primera acción de Dios de cara al futuro.

Siempre es clave la primera vez que algo que sucede aparece en la Biblia.

"Y la tierra estaba desordenada y vacía…" [5] y todo era caos. Y ante esto dice en

Génesis 1:3:

> *"Y dijo Dios: Sea la luz; y fue la luz."*

---

4. Consultado en línea: http://www.metodocc.com/
5. Génesis 1:2.

Podría haber dicho "Pensó Dios" o "Actuó Dios". Sin embargo, dice: *"dijo Dios".*

Lo primero que Dios hizo fue ponerlo en el lenguaje.

Ante tamaño desastre, Él no eligió conocerlo todo para luego decidir, para luego actuar. No menciona tampoco que se dedicó a ver todas las opciones posibles y hacer un comité de análisis para evaluar los pros y contras de cada posibilidad.

Dice que lo primero que Dios hizo fue "*Y DIJO DIOS*".

No dice que conoció. No dice que analizó. Ni siquiera dice que tomó inmediata acción.

Si queremos ser imitadores de Dios, ¡cuánto nos debe doler a quienes salimos desesperados a hacer cosas cuando las circunstancias no son las que deseamos!

¿Qué fue lo que Dios hizo, lo primero que hizo cuando se relacionó con el futuro que quería construir? ¿Qué fue lo que menciona? ¿Accionó? ¿Conoció? ¿Analizó? No.

¡EL LENGUAJE GENERA REALIDADES!

Dicen las escrituras que la primera cosa que Dios hizo fue "*Y DIJO DIOS*". Habló. Lo puso en el lenguaje.

Todo lo que no está en tu lenguaje no existe.

Y Dios lo sabía. Necesitaba ponerlo en el lenguaje para darle vida. Podría haber solamente pensado. Sin embargo, eligió hablar.

¡El lenguaje genera realidades!

¿Qué nos pasó que durante tanto tiempo nos olvidamos del ejemplo y de la enseñanza de las escrituras de poner primero en el lenguaje aquello que deseamos que suceda?

Lo ponemos en las acciones, lo ponemos en los pensamientos, lo ponemos en los papeles, pero no lo ponemos en el lenguaje. Alguien nos hizo creer que el lenguaje servía solo para describir lo que nos pasaba, y no para generar lo que deseamos que nos pase.

Pero Dios en su primera relación con el futuro, ¡habló!

Lo siguiente que vemos que hizo fue lo que habló. *"Sea la luz."*

Me gusta pensar que no solo habló lo que pasaba, sino lo que deseaba que pasara.

No habló circunstancias, sino habló convicciones.

No habló desde los límites, sino desde su grandeza.

No habló desde el pasado, ni siquiera desde el presente, sino desde el futuro. *"SEA LA LUZ"* es una manera ejemplificadora de tener una visión estratégica.

Cuando las circunstancias son bien difíciles, cuando lo que vemos nos emociona y limita, **cuando se nos estruja el corazón, es común hablar de lo que pasa y no de lo que queremos que pase.**

DESDE EL MISMO INSTANTE QUE EL LENGUAJE GENERA, EL MUNDO YA CAMBIA.

El organismo ha sido diseñado para constantemente buscar disparadores defensivos y calmantes automáticos. Podría Dios hacer dicho: "Es que este mundo todavía no estaba terminado", o buscar las excusas que la situación produce. También podría haber buscado calmantes automáticos que lo llevaran a sacarse de encima la sensación de ver todo desordenado y vacío. Pero no permitió que los disparadores defensivos o calmantes automáticos aparecieran, sino que se basó en su amor y entrega desde la mirada de futuro.

"SEA LA LUZ" no es tan solo un deseo; es un estilo de vida. Es poder caminar desde una mirada que genera, y no tan solo una mirada que describe. No es solamente esperar que pase, sino que desde el mismo instante que el lenguaje genera, el mundo ya cambia.

Es interesante notar que no habla tampoco acción. ¿Cuántos de nosotros a la primera que todo se nos vuelve caos, accionamos? Y si no es a la primera, es a la segunda.

A veces me pasa que estoy en una sesión de coaching personal con algún líder reconocido o de influencia, que cuando lo invitamos a dedicarle tiempo a hablar y visionar, nos mira como si estuviéramos atravesándolo con una daga.

"¿Y no vamos a hablar rápido lo que vamos a accionar?", te dice con sumo respeto.

Es casi inaudito en el mundo actual que alguien piense que accionar va para lo último.

En medio de un mundo en caos uno debe caminar en medio del mismo con observaciones agudas, y luego ponerlo en el lenguaje, y visionar estratégicamente.

Me gusta mucho el versículo en Génesis que dice que en medio del caos el espíritu de Dios se paseaba sobre las aguas.[6] Una traducción dice que iba y venía. Pero no accionaba. Todavía.

Lo pongo en el lenguaje, tengo una visión estratégica y recién al final una acción comprometida es un modelo que muchos hoy deberían imitar:

---

6. Ver Génesis 1:2.

sentarse en la pregunta, más que ser poderosos en reaccionar a la respuesta. **La clave de la profundidad no está en hacer más, sino en ver más.** Y necesitamos poder incorporar este modelo.

Tenemos aquellos que estarían esperando que luego de plantearse qué poner en el lenguaje, lo que saldría de su boca sería los "cómo".

Pero Dios, en vez de los **cómo,** plantea hacia dónde ir. O dicho mejor, de dónde venimos.

2.2 Sea

Otro de los apasionantes descubrimientos que te traemos para estos tiempos de punto de partida es comprender el ejemplo de Dios con los ojos de Dios y la cultura en la que el versículo fue escrito.

No sé si tú sabes, pero el verbo ser o estar no existe en hebreo; existe el "siendo".

No hay un absoluto.

En el hebreo tú no dices YO SOY; solo dices "yo". Y la implicación oriental del mismo es que "yo estoy siendo". Hay un entendimiento acabado de que uno no es; uno está siendo. Y lo más poderoso es poder comprender cómo en oriente todo está enlazado con la relación con Dios el Todopoderoso, el único que es absoluto, el omnisciente, el que todo lo puede.

Cuando Dios plantea "*SEA LA LUZ*", es una visión estratégica de la que vengo como una construcción del "siendo" hacia el que voy, y no solo que es y que no puede ni cambiar, ni perfeccionarse, ni mejorarse.

El desarrollo es un SIENDO LA LUZ.

Si lo traemos a nuestros días, este ejemplo de Dios hablándonos cómo él manejó el caos y cómo desarrolló las primeras acciones en las escrituras, nos invita a lenguaje y a tener una visión estratégica que va siendo.

No es el modelo que usamos en estos tiempos de conozco, decido y actúo.

No es un absoluto hacia el que vamos con esfuerzo, reacción y expectativas, sino es un punto de partida donde elijo poner en mi lenguaje la visión estratégica que estaré siendo, que quiero construir, de la que elijo venir y mirar.

¡Qué maravillosa sería la vida de muchos de nosotros si solamente siguiéramos el ejemplo de Dios en las escrituras y su modo de relacionarse con el futuro!

2.3 Y fue la luz

Es apasionante pensar que no solamente lo puso en el lenguaje diseñando una visión estratégica en la que vamos siendo, sino que además eligió bajarlo al mundo cotidiano con una acción comprometida. Lenguaje, estrategia y táctica.

¿Y tú, cómo encaras tu vida cotidiana?

¿Lenguaje, estrategia y táctica como Génesis 1.3 nos muestra, o eres de los que salen temprano reaccionando a la vida, buscando conocerlo todo en medio de un mar de incertidumbres, y buscando por prueba y error cómo llegar a una meta?

LA TÁCTICA VIENE DESPUÉS DE LA ESTRATEGIA. NO AL REVÉS.

Si el caos se transformó en orden con un modelo y principio, ¿por qué no usarlo?

La táctica viene después de la estrategia. No al revés.

Debemos dedicarle tiempo al desarrollo de lo que deseamos que vaya sucediendo, y luego recién ponerlo en acción.

Y dice: *"fue la luz".* NO DICE QUE QUIZÁS, QUE PUEDE SER, QUE las circunstancias eran difíciles y se logró un poco. Dice fue.

Hubo una acción comprometida. No solamente una acción.

La diferencia de una acción comprometida y tan solo una acción es que la acción está comprometida con una visión y con un lenguaje, no solo con un hacer conforme a las circunstancias.

La acción comprometida lleva foco, lleva aprendizaje incluido, lleva atención al proceso.

Cuando uno logra el resultado al llevar adelante este modelo, ya no importa simplemente el resultado en sí, sino en quién te conviertes después de haberlo logrado.

El resultado de una meta siempre está fuera de nosotros, pero el modelo de Dios de ponerlo en el lenguaje, de visionarlo estratégicamente como un siendo continuo y el venir de una acción que se basa en los compromisos y no en las circunstancias, hace que uno, al llegar, ya no sea el mismo.

No se vuelve atrás cuando sucede; no hay oportunidad de que se disuelva porque permanece. Forma parte de tu esencia y no tan solo de tus acciones.

Posiblemente estés esperando que a través de este libro te pongamos en acción. Claves y técnicas para accionar accionar y accionar e ir hacia allá.

Acciones y tiempos.

¿Y qué tal si te digo que encontramos el secreto de hacer del presente un mejor tiempo en tu vida, porque cambiamos acciones y tiempos por empezar con conversaciones y miradas?

Cuando he hablado sobre el futuro en nuestras conferencias, algunos me miran con incredulidad. Solamente porque buscan escuchar lo que quieren escuchar. Porque escuchan desde lo que saben. Y ellos saben futuro desde acciones y tiempos. Y es cierto. El futuro desde la mirada de las acciones no existe, y desde la mirada del tiempo es incierto.

Pero yo puedo crear el futuro en el que elijo vivir si mi punto de partida son las miradas y las conversaciones.

> **YO PUEDO CREAR EL FUTURO EN EL QUE ELIJO VIVIR SI MI PUNTO DE PARTIDA SON LAS MIRADAS Y LAS CONVERSACIONES.**

El futuro, antes que nada, es una conversación de posibilidad. Una maravillosa y hermosa conversación con una mirada desde la que vengo y no hacia la que voy.

Si es una mirada desde la que vengo, al llegar aquí y luego de haber disfrutado ese espacio, estaré viendo qué me falta para llegar. A diferencia de aquellos que solo van hacia allá; que buscan lograrlo con lo mismo de ellos mismos que hasta ahora no lo lograron. Con lo que son. No con lo que llegarán a ser. Y se encuentran que no tienen, en vez de pensar en lo que les falta…

Aquellos que van hacia una meta lo hacen desde hoy hacia el mañana. Y caminan en un bosque de incertidumbre sin saber muy bien cómo terminará todo.

¿Ese es el modelo en el cual fuimos diseñados?

¿Esa es la forma como puedo hoy relacionarme con el futuro y con el punto de partida hacia una vida extraordinaria?

Hace algunos años escribimos junto con mi esposa un libro que llegó a miles de personas en toda Iberoamérica: *Logra lo extraordinario.*

Muchísimas personas se nos acercan para decirnos cómo ese libro ha sido una gran posibilidad para ellos y cómo han logrado grandes cosas luego de poner en práctica el trabajar su manera de ver, su manera de ser, su manera de relacionarse y su manera de actuar. Sin embargo, hemos visto muchos que se han quedado en el camino, porque sabían lo que debían hacer, pero su sistema de pensamiento y su manera de relacionarse con el mundo no les alcanzaron.

Debían cambiar su sistema de pensamiento. Dejar de ir hacia el futuro. ¡Y comenzar a venir de él!

COMPRENDER

3.1 Acceder a una nueva manera de hacer

Punto de partida no es solo una acción, sino una comprensión.

Es poder salir sabiendo, sintiendo, haciendo, diciendo y entendiendo en unidad.

Comprender el mundo en el que vivimos te permitirá poder ser poderoso en tu hacerte cargo de hacia dónde vas y quién eliges ser. El modelo de siglos anteriores en donde veíamos que la iglesia crecía, pero las personas no, no alcanza hoy.

Porque **la manera de dar testimonio** es a través de vidas íntegras, de ojos iluminados, de corazones ardientes, de personas que estén dispuestas a dar lo mejor de sí. No pasa por campañas evangelísticas, ni siquiera por impactos, ni por los que vengan de afuera o de adentro. **Pasa por lo que cada uno de nosotros elijamos ser.**

La nueva dimensión

El mundo ha cambiado.

Si tu punto de partida es pensar el futuro solo como acciones, o analizando solo lo que vas a hacer, entrarás al futuro con desventaja porque le darás al afuera el poder de la gestión.

Diseña un punto de partida que vaya un paso atrás del hacer, y se concentre en el ser. Estar comprometido a ampliar el ser te ayudará a que el futuro sea una conversación de posibilidad que decide construir, y desde allí se abren mil oportunidades.

Muchos están en un momento en donde están más preocupados por las compañías que se cierran que por las compañías que se abren. Y quiero decirte algo: hoy es el día en que históricamente vamos a comenzar a diseñar un futuro exitoso. Voy de nuevo porque parece que no me lo creíste: ¡Hoy es el día en el que, históricamente, vamos a comenzar a **diseñar un futuro exitoso!**

¡Tú puedes ser tus circunstancias o puedes ser tus convicciones!

Pero para eso tenemos que **prepararnos;** tenemos que empezar a trabajar nuevos **sistemas de pensamiento.**

> **MUCHO DEL ÉXITO NO ESTÁ EN LO QUE NO SABEMOS. MUCHO DEL ÉXITO ESTÁ EN LO QUE NO VEMOS.**

Te lo pongo de este modo: Dios nos dio ciento ochenta grados (180°) de visión y ciento ochenta grados de ceguera. No lo ves todo.

No lo vemos todo. Vemos la mitad del mundo.

Mucho del **éxito** no está en lo que no sabemos. Mucho del éxito está en lo que no vemos.

Mucho del éxito de nuestro futuro está en nuestras **áreas de transparencia, de ceguera que debemos des-cubrir, quitarle el velo.**

Es empezar a ver en aquellas áreas que hasta ahora no veías con claridad.

Entonces lo primero que debemos **ver**, no tan solo **saber**, es que vivimos en un **mundo distinto.**

No es un mundo mejor que hace un tiempo. Ni siquiera es peor. Algunos te quieren hacer creer que vivimos en un mundo peor. No vivimos en un mundo peor. ¡Hay una gran cantidad de compañías que se están abriendo! ¡Hay muchísimas personas que están facturando muchísimo!

Tenemos grandes posibilidades si empezamos a **entender el mundo** en el que vivimos. El siglo pasado era el mundo de la razón. Yo no sé tú, pero **yo recuerdo** comprar las grandes enciclopedias. Admiraba el gran trabajo hecho por editoriales como Clie. Tenía cientos de libros en mi biblioteca con sus estudios.

Me acuerdo que tenía un pastor que se mudó a la casa de al lado y cuando vino, lo primero que hice fue que lo traje a casa y le mostré **mi biblioteca.** Era un orgullo. Podíamos conversar sobre libros y adentrarnos en la profundidad del conocimiento.

Y cuando le mostré mi biblioteca el pastor, me miró y me dijo: "¿Y ustedes, en qué se bautizan: por inmersión o por aspersión?". Solo tuvimos una corta relación.

Vivíamos en **el mundo de la razón.** Solo nos relacionábamos con los que estaban de acuerdo con nosotros. Ese mundo no existe más. Ya no vivimos en el mundo de la razón. Hoy vivimos en **el mundo de la relación.** Vivimos en el **mundo de la conexión.**

En el mundo de la razón uno se dedicaba a vender un producto. Se dedicaba al empaque del producto, al precio del producto, a la competencia del producto, a la ubicación del producto, a la distribución del producto porque el **producto** es lo que estaba en el medio entre el comprador y el vendedor. ¡Hoy ya no tenemos ese mundo! No tenemos un **mundo de compradores – vendedores.**

Hoy tenemos un **mundo de suministradores y usuarios,** en donde en el medio **lo más importante** en este tiempo no es el producto, es el **estilo de vida,** es la relación, es cómo gestionas tus contextos relacionales.

El siglo pasado era un tiempo en donde las personas se preocupaban por lo que tenían: mi carro, mi casa... Si ustedes ven el Derecho de todos nuestros países, se van a dar cuenta que el noventa por ciento del Derecho habla del **derecho de propiedad.** Este es el **sistema paradigmático** del que veníamos: tuyo, mío. El **concepto mío – tuyo** ya no es tan importante.

Hoy, en la Bolsa cotiza mejor una compañía como *Dreamworks* que una compañía como *General Motors*. A pesar de que *General Motors* tiene gran cantidad de propiedades, y de fábricas y de carros. Y *Dreamworks* es una oficina de personas pensantes. ¿Por qué razón? Porque ya no estamos en el mundo de lo que tengo, sino que **estamos en el mundo de lo que accedo.**

Lo que cobra **la gran diferencia en estos tiempos** es ¿quién tiene la **llave de los accesos?**

Vivimos en un mundo distinto.

El **mundo del siglo pasado** era un mundo que tenía un **lenguaje** que describía, porque vivíamos en la **era de la razón.** Necesitábamos describir lo que pensábamos. Y buscar la razón única de todo. Vivíamos bajo un paradigma, un sistema de pensamiento totalmente diferente al que Dios usó y que vimos en un capítulo anterior.

Y es el diseño que siguen usando muchos de los que están acá. Un **paradigma** que sería algo así como: conozco, decido, actúo.

Este es el **modelo** con el que nos movemos muchos de nosotros. **¡Vengo a conocer cómo diseñar futuro!** Luego voy a decidir cómo hacerlo, y luego lo hago. Esto en el siglo pasado todavía funcionaba, porque era un mundo estático. El mundo cambiaba cada cien años.

No sé si ustedes vieron las películas de antaño.

Por ejemplo, la mujer estaba en la puerta de su casa, el hombre tomaba su caballo y le decía: "¡Mi bella dama, iré hasta el pueblo de al lado, dentro de seis meses vuelvo!", y ella lo saludaba desde la puerta. ¿Vieron esa película? Y el tipo venía con su sombrero en medio del polvo seis meses después... y llegaba, y ella estaba en la puerta de la casa esperándolo: "¡Oh mi amado! ¡Has regresado!".

¡Vete hoy seis meses de tu casa a ver qué pasa! Hoy **vivimos en un mundo de variables constantes hoy.** En el 1920 el mundo cambió. Volvió a cambiar en el 1960. Cambió cada cuarenta años, ya no cada cien. Volvió a cambiar en el 1980, cada veinte. Volvió a cambiar en el 1990, cada diez. Y allá entre 1990 y el año 2000, el mundo entró en un cambio constante.

Hace treinta años atrás, uno sacaba un carro y tres años después se lo mostraba al amigo y decía: "Mi nuevo carro". Hoy uno lo saca de la agencia y ya es viejo.

Estamos en un mundo de cambio constante.

Entonces, aquellos que han diseñado futuro a su manera, no **a la manera de Dios**, aquellos que les han dado más importancia a los modelos del mundo, no a los modelos de Dios, aquellos que solo estuvieron comprometidos con tratar de "tener", ¿cómo están? Salen con la manito cerrada, **tratando de tenerlo todo,** de no perder nada, de conocer para decidir, para después actuar. Y cuando actúo es tarde... **El mundo cambió.**

Y después nos preguntamos: "¿Qué pasó? ¿Y mis hijos?". "No, 'bro', se fueron a la universidad hace cuatro años." "¿Y la iglesia?". "No, la iglesia la cerraron hace tres años, nadie diezmaba ya". "¿Y mi esposa?". "¡Nunca supe dónde estaba y ahora menos!"

¿Ese es el mundo que queremos para nuestros hijos?

Es ahí hacia donde vamos si seguimos usando los **modelos** que el mundo quiere que usemos. "No hay peor ciego que el que no quiere ver", dice el dicho.

Necesitamos hacer un alto y elegir que nuestro punto de partida cotidiano sea desde la mirada de lenguaje-visión-acción, y no bajo el modelo de tener y conocer.

Ya no sirve tener la cabeza puesta en "**tener**", preocupados solo en las circunstancias del momento, dándole poder al afuera, tratando de conocerlo todo.

Nos convierte en **excelentes conocedores de un mundo que ya no existe,** tratando de preparar su futuro en el "hacer". Solo teniendo lenguaje de pasado, que describe lo que pasa, y no que genera lo que deseamos que pase. Viviendo la vida con el puño cerrado.

Después te preguntas: "¿Por qué, amor, no nos va bien?, ¿por qué no vienen las personas a la iglesia? Y ¿por qué mi vecino no me saluda?".

Pero **hay un modelo fabuloso que está aquí en la Palabra, que dice que lo primero que Dios hizo fue hablar. Lo puso en el lenguaje.**

Dice: "*Y dijo Dios*". Hasta ese momento ¿algo había cambiado? ¡Nada! ¿Podía Dios en vez de hablado, haberlo hecho? ¡Claro! Es más, solo podría haberlo pensado y hubiera sucedido. Si lo hubiera pensado y hubiera sucedido, ¿por qué tuvo necesidad de ponerlo en el lenguaje?

"*Y dijo Dios*". Porque **lo que no está en tu lenguaje no existe.**

Cuando Dios le dijo a Adán, "ponle nombre a cada animal", ¿es porque Dios no podía ponerles nombre a los animales? Claro que sí que podía. Pero ¿por qué lo dijo? Porque necesitaba que Adán lo pusiera en su mundo, que empezara a hablar de eso.

Recuerda: Lo que no está en tu lenguaje no existe.

El futuro es una conversación.

Ahora ¿qué tipo de conversación? ¡Una conversación de posibilidad!

Yo decía en un escrito hace poco tiempo: **"Ser inmigrante feliz es cosa seria".** Yo decía que todos aquellos que somos inmigrantes y tenemos el gran privilegio de tener nuestros papeles en orden, somos nosotros los que tenemos que levantar la bandera, somos nosotros los que tenemos que abogar por nuestros hermanos.

Mientras que nos mantengamos mirándonos solo el ombligo, y no entendamos que **la voluntad de Dios es que todos vivamos en armonía,** blanco, negro, mujer u hombre, hayas venido excelentemente bien, o hayas venido cruzando desiertos, y que la voluntad de Dios es que levantemos todos nosotros las banderas, cuando esto suceda, posiblemente las cosas cambien.

> EL PODER YA ESTÁ EN NOSOTROS. DEBEMOS COMPROMETERNOS A MANIFESTARLO.

Tenemos que ser el cambio que queremos ver.

El poder ya está en nosotros. Debemos comprometernos a manifestarlo.

Cuenta la historia de alguien como Mahatma Gandhi. Gandhi llegó nuevamente a su nación, luego de muchos años de estar fuera. Nadie lo conocía. Obviamente no compartimos sus criterios espirituales, ni su manera de vivir, pero hay un concepto que les quiero traer.

Él se paró un día y les dijo a los británicos: "¡Somos libres!" Y ¿saben qué hicieron los británicos? Palo, palo, palo, palo... y él seguía diciendo: "¡Somos libres!" Cada vez hubo más personas empezando a decir ¡somos libres!

Si tú, como yo, vives en los Estados Unidos de América, piensa conmigo que el día que cada uno de nosotros digamos, ¡somos ciudadanos americanos! no importa el tipo de papel que tengas, porque te **comprometiste** a entregar a esta tierra no solo tus impuestos y tus hijos, sino también tu corazón, y que millones de nosotros nos pongamos de pie con esa manera de ser, nadie nos va a parar.

Todavía hay millones de personas que siguen creyendo que el poder está afuera, siguen creyendo que el poder está en las leyes, siguen creyendo que el poder lo tiene tal o cual.

Cuando seguimos en el **modelo de "tener" o "no tener"**, mis conversaciones están paradas en el ayer.

"Tengo" dinero, "no tengo" dinero. "Tengo" papeles, "no tengo" papeles, "tengo" familia, "no tengo" familia. ¿De qué hablo? ¿De lo que me está pasando hoy o de lo que me pasó ayer?

> **NO ME COMPROMETO PORQUE PUEDO, SINO PUEDO PORQUE ME COMPROMETO.**

¡Jamás vas a escuchar a alguien decir: "tengo" tristeza mañana! Porque el "tengo" o "no tengo" habla del hoy y del ayer. Solo habla de lo que pasó que ya no se puede cambiar.

Por eso tengo que estar **comprometido** hacia donde quiero ir, porque lo puse en mi lenguaje, porque tengo la visión estratégica, porque dado que diseñamos ese futuro, ya sé la brecha entre quien quiero ser y quien soy. Y allí comienzo a hablar de futuro y no de lo que no tengo.

Hoy vivimos en un mundo en el que se entiende que el **lenguaje** no está hecho solamente para describir, sino también para **crear**, sino también para **generar**.

En el **nuevo mundo** hay herramientas que tienen que ver con el **desarrollo personal**.

Por ejemplo, una de ellas es: "No me comprometo porque puedo, sino puedo porque me comprometo".

Nos pasamos días enteros entrenando organizaciones solo con esta frase, porque tenemos **organizaciones** que lo único que hacen es lo que pueden. Ya hay varias de ellas que eligieron ponerlo en algún lado de sus oficinas para que sus colaboradores puedan verla a diario. Aunque todavía hay muchas organizaciones que viven paradas en el modelo del siglo pasado.

Cuando nos toca liderar procesos transformativos en organizaciones de ventas, a los pocos meses los exponemos al paradigma del compromiso versus el de saber hacer tan solo lo que pueden. Y les decimos:

"Te puedo asegurar - y te lo aseguro, te lo firmo - que **tú puedes duplicar tus ventas el año que viene**. ¿Quién quiere duplicar sus ventas el año que viene?". Y algunos no lo creen; por eso ni siquiera levantan la mano... ¿Que voy a duplicar mis ventas? **¡Lo puedes hacer!**

> **EL MUNDO DEL "ACCESO" ES UN MUNDO DE TRABAJAR EN EL SER.**

Seriamente, si yo charlo con cada uno de los que están leyendo este libro me voy a encontrar con gran cantidad de **conversaciones** de que es complicado duplicar las ventas. Yo te puedo asegurar que **podemos lograrlo**. Pero empieza por **ver más**.

Empieza por **preguntarte**: ¿Tengo **personas comprometidas trabajando** conmigo? O ¿tengo solo personas que hacen lo que deben o lo que pueden, que usan un lenguaje solo de excusas, y no un lenguaje que pueda generar nuevos espacios?

Seguramente solo con esa respuesta ya estás avanzando en tu punto de partida.

Cuando venimos del concepto del **paradigma del compromiso,** probablemente trabajaremos la **brecha** entre lo que soy y lo que me falta. Cuando solamente trabajo con lo que se puede, me voy a encontrar con personas contándome todo por lo cual no lo podemos lograr.

Sé tus convicciones, no tus circunstancias.

El mundo del "acceso" es un mundo de trabajar en el ser.

El mundo del "tener" solo trabaja el "hacer". ¿Por qué algunas organizaciones caen? ¿Por qué algunas personas no logran resultados? ¡Porque solo hacen!

Si tu punto de partida es pensar el futuro solo como acciones, o analizando solo lo que vas a hacer, entrarás al futuro en desventaja porque le darás el poder de la gestión al afuera.

Diseña un punto de partida que vaya un paso atrás del hacer, y se comprometa con ampliar el ser. Esto te ayudará a que tu futuro nazca en una conversación de posibilidad que deberás construir y desde allí se abren mil oportunidades.

SI NO TIENES FUTURO, EL PASADO TE APLASTA. SI TIENES FUTURO, DEL PASADO SE APRENDE.

Tú tienes más futuro que pasado.

Quizás esto es lo que divida a los hombres que pueden cada día ser una posibilidad y marcar diferencia en lo que hacen, de los que no pueden.

Aquellos que viven solo mirando el ayer es muy probable que lo repitan en el mañana.

Si no tienes futuro, el pasado te aplasta. Si tienes futuro, del pasado se aprende.

Si sigo pensando que **diseño de futuro** es solo ir en busca de la incertidumbre ¡no lo voy a lograr!

Si pienso que el diseño de futuro está en las circunstancias ¡no lo voy a lograr!

Si pienso que el diseño de futuro tiene que ver con todo lo que está fuera de mí ¡no lo voy a lograr!

¿Salgo hacia lo desconocido? ¿Voy en busca de lo que no tengo idea que sucederá?

Hoy puedes vivir un punto de partida con la seguridad de poder lograrlo.

Porque no salgo de donde estoy, sino de donde vengo. Comienzo a pensar, vivir, hablar mi mejor mañana, hoy.

¿Dónde está el futuro? ¿Qué es el futuro? ¿Cómo podemos trabajar en él?

Podré hacer de mi futuro lo que deseo.

Hoy es el día en que elegimos poder construir el futuro que deseamos vivir.

> **HOY PUEDES VIVIR UN PUNTO DE PARTIDA CON LA SEGURIDAD DE PODER LOGRARLO.**

Mucho del éxito de nuestro futuro está en nuestras áreas de transparencia. En aquello que no vemos. Y es desde allí donde debemos trabajar. Buscar lo que no vemos. Pero no solo en relación con quien soy o lo que pasó, sino en relación con quien seré y lo que genero que pase.

No quiero escribir un libro para cargarte de información, técnicas y pasos que nos lleven hacia allá. Quiero entregarte lo mejor que tengo para que puedas venir desde allá; que puedas verlo, sentirlo, percibirlo y de ese modo nada ni nadie, ninguna circunstancia, por peor que sea, te detenga en tu camino hacia tu mejor mañana.

No busco que sepas, sino que incorpores. Y que eso te lleve a estar empoderado y con entendimiento.

En un mundo tan ambiguo y cambiante, las técnicas y maneras no alcanzan. Debemos ampliar nuestra superficie interior y estar listo para toda circunstancia. Cuando veo más no solo sé, sino que además, entiendo. Y puedo tirarme hacia el segundo trapecio porque ya no le temo a la altura.

3.2 Vivimos en mundos distintos

No es un mundo mejor que el de hace 50 años, no siquiera es un mundo peor. Es un mundo distinto. Nuevas percepciones, nuevas reglas de juego, nuevas maneras de relacionarse. Algunos creen que es un tiempo de cierres de empresas.

Y esto puede tener su fundamento. Mientras escribo este libro, el estado de la Florida había perdido 480.000 puestos de trabajo en menos de un año en los centros comerciales, y solo había tomado 190.000 en las nuevas tecnologías y almacenes de ventas por Internet.

Hay un cambio y probablemente la transición haga que algunos piensen que el mundo está en recesión. Sin embargo, el mundo está en transformación, no en recesión.

En el último mes, Facebook facturó 59.00 millones de dólares. Y hace más de una década no existía.

Tenemos grandes posibilidades si empezamos a entender el mundo en el que vivimos.

El siglo pasado era el mundo de la razón. Solo nos relacionábamos con los que estaban de acuerdo con nosotros.

3.3 Relación con el tiempo; el tiempo fue creado

Cuando uno plantea temas como PUNTO DE PARTIDA o DISEÑO DE FUTURO, las personas inmediatamente se imaginan que les estás hablando de tiempo. Y del tiempo como un recurso de acción en medio de la incertidumbre que depara el futuro. Por eso es que hay más insatisfacción que completitud en el uso del tiempo.

Por eso es que no planteamos PUNTO DE PARTIDA solo como un evento puntual, sino como un proceso cotidiano, y para eso es importantísimo entender el tiempo con una mayor profundidad.

En principio saben que creo en las escrituras como una fuente inagotable de sabiduría. Además de centrar mi vida espiritual en ella (cosa que te recomiendo) es donde podremos saber las respuestas a muchas de las preguntas que nos hacemos a diario y que muchas veces nadie nos responde o nos da la respuesta errónea. Y una de las áreas de mayor interrogación es LA MANERA EN QUE MEDIMOS HOY EL TIEMPO, ¿SIEMPRE FUE ASÍ?

La Palabra de Dios nos da una profundidad única en el tema del tiempo, que es digna de analizar.

La creación del tiempo cronológico

Dijo luego Dios: Haya lumbreras en la expansión de los cielos para separar el día de la noche; y sirvan de señales para las estaciones, para días y años, y sean por lumbreras en la expansión de los cielos para alumbrar sobre la tierra. Y fue así. E hizo Dios las dos grandes lumbreras; la lumbrera mayor para que señorease en el día, y la lumbrera menor para que señorease en la noche; hizo también las estrellas. Y las puso Dios en la expansión de los cielos para alumbrar sobre la tierra, y para señorear en el día y en la noche, y para separar la luz de las tinieblas. Y vio Dios que era bueno. Y fue la tarde y la mañana el día cuarto. [7]

Sabemos hoy día que a través de los movimientos de rotación y traslación de la tierra con respecto a la luna y el sol, se producen las estaciones y el horario. Conforme a esos movimientos se generan el día y la noche.

Si recién aquí vemos, en el cuarto día de la creación se genera el día y la noche con la relación cronológica de 24 horas que conocemos en la actualidad, ¿qué fue lo que pasó en los tres días y noches anteriores? En Génesis 1.5 empieza a hablar del día y de la noche. El significado de la palabra noche también se puede traducir como CAOS, DESORDEN.

Estos tres días de reordenamiento de la creación era el proceso que iba sucediendo del desorden al orden. Hasta que Dios terminó de acomodar el desorden originado en **Génesis 1.1** y convertirlo en orden, tardó tres procesos enteros hasta llegar al cuarto día y tener el día tal cual como lo conocemos hoy.

Cualquier científico puede probar que no se puede llegar del desorden al orden sin una guía. El orden nunca surge del desorden, sin una guía.

Investigación acerca del tiempo en el primer cielo y la tierra

Nos podemos preguntar cómo era el tiempo en el primer cielo y tierra, antes de la creación del tiempo cronológico.

Uno de los grandes problemas con los que se encuentra la mayoría de los científicos es que cuando analizan cosas del pasado lo miden por

---

7. Génesis 1: 14-19.

millones de años conforme a sus actuales sistemas de medición, que según vemos, fueron originados en el cuarto día del reordenamiento de la creación.

Esto no significa que antes no hubo historia. Pero sí con otro patrón de medida. El tiempo del primer cielo y tierra no los podemos medir con las medidas del segundo cielo y tierra porque seguramente nos va a dar error.

En el primer cielo y tierra no existía la medida cronológica de tiempo. Sí la medida de tiempo por procesos. Así también será en el tercer cielo y tierra.

Lo que sí sabemos es que la creación, o sea, el reordenamiento, tiene aproximadamente 6000 años.

Algunos dicen que la tierra tiene 14.000.000.000.000 de años. Es imposible hacer esta medición con la actual medida de tiempo, porque en el primer cielo y tierra no existía.

En el cuarto día comienza a contarse el tiempo como lo conocemos hoy en día. El tiempo del instante.

Esto es lo interesante: estamos en un tiempo que no lo determinan las circunstancias ni siquiera los minutos que pasen; lo determinan las **convicciones.**

¿Cómo hago con el tiempo? ¿Cómo manejo mis tiempos? ¿Qué hago con el tiempo? ¡No tengo tiempo! Ni siquiera para escuchar que no tengo tiempo.

El tema del tiempo es un tema súper manejable.

Dejen de creerse el cuento que: "**el tiempo nos tiene,** que la única variable que no podemos manejar es el tiempo, que no tengo tiempo". Sí puede ser así como resultado, porque estoy usando elementos del siglo pasado.

Si yo estoy parado en **la mirada del tiempo** desde las herramientas anteriores, probablemente me cueste. Sin embargo, hay **nuevos modelos** para llevar adelante la estructura de relacionarnos con el tiempo.

Vamos a venir desde **la mirada de tiempo.** Primero vamos a **reflexionar**, vamos a tener juntos algunas **consideraciones.**

La primera consideración es que **muchísimas personas lo que hacen es que se relacionan con el tiempo desde el instante.** Creen que el tiempo es una variable cronológica, una variable de acción. Cuando en realidad no es una variable de acción solamente, o una variable cronológica. **Hay una gran diferencia entre vivir el instante como viven muchas personas, o empezar a vivir el momento, el proceso; la vida desde el punto de vista de Dios y su eternidad, y no desde mí y mi minuto.**

¿Qué tal si empiezo a considerar el tiempo desde su experiencia? Se ha descubierto que para aquellas personas que disfrutan la vida ¡el tiempo se les pasa volando! Y aquellos que están angustiados, preocupados, llegan al trabajo a las ocho, o a las siete, y a ocho y media miran el reloj y dicen: ¡uh, cuánto falta para la hora que me vaya!

Porque viven **instante por instante** sin el concepto de la pasión, de la visión, del desafío cotidiano.

Una de las claves importantes para empezar a convertir al tiempo en un aliado y no en un problema es empezar a trabajar desde el **momento**, y no solamente desde el **instante**.

Luego tiene que ver con **la perspectiva con la que me relaciono con el tiempo.** No existe solamente un **tiempo cronológico.** Se han hecho experimentos en donde se le ha pedido a la persona que cuente ovejitas y contó "x" cantidad de ovejitas en un minuto, y a esa misma persona se la ha pasado por procesos de hipnosis, por ejemplo, u otro tipo de procesos, y en el mismo tiempo, contó el doble de ovejitas. ¿Cómo puede suceder eso? Bueno, tiene que ver con las perspectivas.

Tiene que ver con **mi compromiso con el manejo del tiempo.**

El tiempo no es solo cantidad. El tiempo es calidad.

Existe ya entre aquellos que nos dedicamos al abordaje del ser humano, un convencimiento que no solo se crece cronológicamente. Que hoy se puede **crecer exponencialmente.**

> **EL TIEMPO NO ES SOLO CANTIDAD. EL TIEMPO ES CALIDAD.**

¡Este puede ser el gran día para tu vida! Y que hoy produzcas un cambio que marque una diferencia en toda tu vida y que sea exponencial, porque viviste una experiencia, porque manejaste el tiempo desde otro lugar.

Otras de las variables importantes para trabajar el **tiempo** es entender que tiempo no es solo acción. No está en la categoría de la **acción.** Cuando uno escucha: "entonces", "ahora", "después", escucha esas diferentes palabras, cree que solamente está hablando de acciones. Cuando el tiempo es "**hoy**", uno no se relaciona con él por "lo que voy a hacer", sino por el **lenguaje** que voy a implementar.

El tiempo necesita ser llevado desde un lenguaje generativo. Por ejemplo, el lenguaje descriptivo trabaja solamente con cantidad de tiempo. El lenguaje generativo, el lenguaje valorativo, o reuniones en donde uno pueda **generar un contexto** diferente, trabaja un lenguaje declarativo.

¿Cómo generar contextos? Por ejemplo, es muy diferente un contexto **de reflexión** que un contexto **de acción.**

Cuando estás en una reunión: la gran mayoría de las personas en nuestras reuniones no tienen un arte en el **uso del lenguaje** y normalmente saltan de una reflexión, a una valoración, a una acción. Inmediatamente uno va saltando de contextos de discusión, o de debate o de descripción a contextos valorativos, a contextos para la acción.

Normalmente nos pasa que organizaciones después de pasar por estos procesos, pueden tener reuniones de quince minutos, y en esos quince minutos, resolver cosas que antes tardaban cuatro horas. ¿Por qué?

Porque saben usar un buen **tiempo de reflexión**, en donde solamente usan descripciones, valoraciones, declaraciones y luego, cuando entran en un contexto para la acción, usan pedidos, ofertas, promesas y declaraciones.

Esto sucede cuando empiezas a usar **herramientas lingüísticas** más poderosas. Y **no solo tú...** es como el ejemplo del teléfono.

Imagínate si yo me voy con un iPhone 7 Plus a la Edad Media y digo: "¡Tengo el mejor teléfono del mundo!" Puede que para esta época y este nivel de entendimiento lo sea, pero en la Edad Media, ¿tengo el mejor modelo de comunicación posible?

¡Para nada! ¡Nadie tiene un teléfono!, ¡Ni siquiera un Nokia 1320! ¡No me puedo comunicar con nadie!

Entonces, por más que yo tenga una herramienta poderosa, si el resto que está conmigo no la tiene, no sirve de nada.

Por eso, lo que tenemos que hacer es **lograr que la mayor cantidad de nosotros podamos tener herramientas de lenguaje poderoso.** Y eso lo vamos a hacer: que reuniones que hoy nos llevan horas, nos lleven quince minutos.

Hace poco, teníamos una organización que tenía un presupuesto de cientos de millones de dólares que resolver y su gerente me escribe diciendo: "Héctor, ¡lo logramos! Dieciocho minutos y cerramos la reunión". En dieciocho minutos aprobaron el proyecto, el presupuesto, se escucharon. ¿Cómo puedes llegar?

La clave no es simplemente pararme en entender la cantidad de tiempo, sino la calidad de tiempo, y cada uno de nosotros **ser muchos más poderosos en la manera en que nos relacionamos con esa cantidad de tiempo.**

Punto de partida generando tiempos.

¿Y en dónde vamos a comenzar? Primero entendamos la historia. Hay cinco **generaciones de la administración del tiempo.**

Generación de tiempo

En la antigüedad, el tiempo se manejaba por **reacción.** Las personas se levantaban por la mañana y decían: "¿Qué vamos a comer hoy?". Lamentablemente todavía hay personas que viven así.

Hay cinco niveles o generaciones de manejo de tiempo.

Si te encuentras con que estás en la era cavernícola de la generación de tiempo, que todavía estás en la 1 y te sientes identificado con lo que te voy a decir de 1 y 2, no te preocupes. Te vamos a ayudar a que puedas llegar a la 5. ¡Pero esto también fue histórico!

Históricamente las personas se relacionaban con el tiempo por reacción. Se levantaban por la mañana y decían: "¿Qué vamos a comer hoy?". Y se levantaban a cazar. O salían a pescar, y volvían a la noche. Este modelo le llamamos **Generación de tiempo por reacción.** Son esas personas que se levantan y reaccionan a lo que viene. Hacen lo que va llegando. Muchas personas que de repente su vida cotidiana es solamente reacciones;

se levantan a hacer lo que tienen que hacer. No tienen una variable de gestión. **Es solo una relación con el tiempo por reacción.** Normalmente los pequeños hacen eso. Los que tienen hijos saben; los chiquitos viven en una agenda de Generación 1: ¡reaccionan! Tú les pones algo para jugar y les pusiste la televisión, y van para la televisión. Les dices que tienen que comer y van a comer.

No viene tu hijito de tres años y te dice: "Papi, disculpáme, pero me anoté en un curso de Harvard que tengo a las 3 p.m. por Zoom. ¿Lo del juego lo podemos dejar para las 5:30? Y que sea hasta las 6:30 porque viene un amiguito a jugar después". Los chiquitos no te dicen una cosa así. Porque **viven por reacción.**

Lamentablemente algunos grandes también viven por reacción. Y lo peor de todo, es que algunos "poderosos" cuando tienen **multitarea**, cuando entran en proceso de **angustia**, bajan a nivel de Generación 1 y ¡no se dan cuenta! Pero son las 8 de la mañana y ya reaccionan. **Van reaccionando a la vida y van viendo cómo van sacando una cosa u otra**, o atienden el teléfono.

La Generación 1 es la de los que **viven por reacción.** Algunos dijeron ¡vamos a progresar! Entonces agarraron una libretita y dicen: "¡Este es mi día!", y empiezan a poner las tareas del día: "Todo lo que tengo que hacer hoy". Llegan a la noche y ven que tenían 15 cosas para hacer e hicieron 10. "¡Gracias, Dios! Hoy fue un día fructífero ¡hice 10!" Agarran las otras 5 al siguiente día, y pasan las 5 del día anterior. Yo sé que nadie se siente identificado en esto. Esto les pasa a otros. Otro tipo de personas o empresas sufren estos problemas, pero yo sé que ustedes están para mucho más.

Los de Generación 2 toman nota y así viven su vida cotidiana. Esto se llama en términos de **coaching de Métodocc, relación con el tiempo generación.** Son aquellas personas que ya salieron de la reacción, pero que entraron en la acción, en donde toman nota y viven su vida desde la **perspectiva de la tarea.**

Entonces, no importa, siguen reaccionando. A veces tienes Generación 1 en las reuniones: "¡Uy me llama el jefe!" Generación 1: ¡Reacción! Reunión, vuelvo, agarro de nuevo las notas. Vuelvo a Generación 1. Bailan entre Generación 1 y Generación dos 2. Y después llegan a la noche ¡agotados! Y dicen: "**¿Y por qué no me alcanza el tiempo?**

Entonces, están aquellos que dijeron: "No, no. Yo le voy a poner ritmo a esto, la cosa va a cambiar". Y los ves que se compran una **agenda cronológica.** Entonces ellos te dicen: "Si quieres tratar conmigo, te doy una cita". Y esto es **agenda Generación 3;** aquellos que salieron de la reacción, salieron de la tarea, y ahora a la reacción a la tarea le ponen fecha y hora. Entonces tú les dices: "¿Nos podemos juntar...?". "Espérate (mirando agenda); ¿dos de agosto? ¿No? Tengo el 3 de agosto, pero de 3 de la mañana a 3:15 es lo mejor que te puedo dar... ¡qué pena! Voy a hacer un esfuerzo... a 3:20, si te sirve". Y así mueven sus vidas tratando, y entonces están contentos porque van con su agenda cronológica a todos lados. Entonces viene el hijo y le dice: "¡Papi, papi, necesito que juguemos! Tranquilo, mañana... 7:15 a 7:22 juego contigo, mi amor. ¡Te quiero! ¿Sí?". **¡Agenda cronológica!** ¡Ellos andan... la tienen clara! Creen que lo pueden resolver desde ese lugar y, después ¡reaccionan!, bajan y vuelven a Generación 1. Cuando se sienten así apretaditos, tratan de poner todo en su agenda. Y **desde ese lugar, viven la vida.**

Debo decirles, mis queridos amigos, que agenda Generación 1, Generación 2 y Generación 3 son del siglo pasado. **¡No alcanza!**

Hace unos 15 años atrás, apareció un señor llamado **Stephen Covey**[8] que se dio cuenta que este modelo no alcanzaba e inventó lo que llamamos el segundo cuadrante. Entonces, en la agenda de cuarta generación le llamamos también **agenda del segundo cuadrante.**

---

8. Covey, Stephen: Los 7 hábitos de la gente altamente efectiva, Planeta Publishing, 2014.

La agenda del segundo cuadrante se centra en que tú puedas preservar y realizar todas las relaciones que tienes sin alcanzar resultados. Pero esta agenda no alcanzó. Lo que busco es que **aprendan a tomar sus niveles de agenda como una escalera de sube y baja;** que cuando haya días que se encuentren reaccionando, lo sepan, tomen conciencia, y como mínimo puedan volver a una generación 2 de agenda, pero rápidamente a una 3, rápidamente a una 4, pero **que su trabajo sea una agenda nivel 5.**

En estos tiempos de gestión, al modelo de agenda que se está llevando adelante, le llamamos **agenda por propósito.** Es una agenda donde aprendo a trabajar conforme a los propósitos que tengo, tanto laborales como personales. Pero ahora voy a llegar a la **agenda de quinta generación.**

Déjenme contarles un poco acerca de **cómo salimos de la agenda cronológica.** Les vuelvo a aclarar que esto es hoy ya un modelo viejo, pero para algunos creo que puede ser bastante novedoso. Lo que **Covey** planteó hace unos quince años atrás es un concepto que decía: usted tiene que **dividir su vida en cuatro cuadrantes:** el cuadrante de "lo urgente e importante", el cuadrante de "lo no urgente e importante", el cuadrante de "lo urgente no importante" y el cuadrante de "lo no urgente no importante".

Entonces, en el cuadrante **de "urgente - importante"** es poner las crisis; cada vez que aparezca una crisis o los problemas apremiantes o los proyectos cuyas fechas vencen.

En el **cuadrante 2, que es "no urgente – pero muy importante"** ponen las cosas que tienen que ver con prevención, actividades de crecimiento personal, cuando le dedicas tiempo en tu agenda cotidiana a construir relaciones, cuando pasas tiempo reconociendo nuevas oportunidades, cuando te dedicas mucho tiempo a planificar o a la recreación.

La agenda de cuadrante 3 que es "urgente - pero no importante", son las redes de trabajo. **A redes** me refiero: WhatsApp, Facebook,

Instagram, Skype, Zoom… Twitter **y las redes personales** como interrupciones, algunas llamadas, correos que tengo que responder, informes que tengo que entregar, reuniones, ¡cuestiones inmediatas, acuciantes! ¡tenemos que resolverlo! o actividades populares. Después están las actividades **"no urgentes, no importantes":** el ajetreo inútil, las trivialidades, algunas cartas o emails que tengo que enviar, algunas llamadas telefónicas. "¡Ah sí! ¿Cómo estás? Hace 30 años que no hablamos. Me llamabas ¿para? ¡Ah, que conversemos acerca de estos 30 años!". **¡Hay personas así! Bueno, esas cosas suceden.**

Las redes personales… De repente estás en un tema de trabajo y te aparece, justo viste a un compañero de la secundaria. "¡Mira cómo está! No puedo creer… Wow ¿qué le habrá pasado?..." Y te perdiste en 3 minutos… te fuiste.

Pérdidas de tiempo o actividades agradables…pasear…comer… vamos para allá… estos son **cuadrante cuatro** (4).

Con Covey es muy interesante cómo nos planteaba el concepto: ¡Hay que dedicarle más tiempo a poder trabajar el cuadrante 2! Lo que hace es: **cultiva la productividad y la pone en práctica.**

Si le dedicas mayor cantidad de tiempo al **cuadrante 2,** tu **efectividad** aumentará extraordinariamente. Las crisis y los problemas se van a reducir porque te van a permitir pensar con anticipación. Esto es lo que decimos: No importan las **circunstancias,** sino cómo me relaciono con ellas.

En la administración del tiempo también se le llama "**El principio de Pareto**": el 80% de los resultados provienen del 20% de las actividades.

¿Dónde trabajas para poder tener **satisfacción** en el cuadrante 2? Bueno, tienes que empezar a trabajar **áreas de tu vida.**

La coherencia: Pienso, digo y hago en línea. Si yo te digo que voy a estar a las nueve de la mañana del miércoles acá, estoy como sea. Entonces uno tiene que practicar **coherencia.**

El equilibrio: Tienes que aprender a mantenerte balanceado. A hacerte preguntas. ¿Qué me falta para entrar en un proceso de balanceo? Centrarme, necesito planificar más. Se acuerdan que en la angustia hay que ampliar la superficie ¿qué me está faltando? Por ejemplo, usa herramientas lingüísticas.

La dimensión humana: Entender que el otro, el que tengo del otro lado, es un ser humano. Pareciera que algunos como que se olvidaron de eso; como que pareciera que al otro lado solamente tuvieran una máquina. Hay que entender la dimensión humana.

La flexibilidad: Recuerda que la rigidez no alcanza. Eso no quiere decir que no sea riguroso. Mantengo mi rigurosidad, es más, soy cada vez más riguroso. Pero soy flexible, porque la flexibilidad me permite moverme mucho mejor que antes y soy portátil: ¡voy y vengo! Abro conversaciones, voy hacia el futuro con una mirada diferente.

¿Cómo organizo el cuadrante 2 con cuatro actividades claras?

Necesitas identificar roles, seleccionar metas u objetivos, tener programación temporal y que esa **programación temporal tenga una adaptación diaria.** El cuadrante 2 lo que hace es: agarra la cronología del día y la convierte en **una mirada semanal.**

¡Tienes que tomar tu agenda por semana!

Y buscar, por semana. Ahora vamos a ver qué le suma al cuadrante 2 estos nuevos tiempos cuando hablamos de **propósito**, ya viniendo del cuadrante de Agenda de Generación 5: ¿Cuál es mi propósito? ¿Cuál es mi **visión** para esta semana? Y preparo la semana desde ese lugar. Hago una selección de metas por orden de importancia e identifico roles que asumo.

Tú no eres el único o una sola persona; tú eres papá, tú eres amigo, tú eres hermano.

¡Saber que uno tiene **roles en la vida** y poder cumplirlos!

Este es mi rol como escritor con ustedes, y en un rato voy a estar en mi rol como líder de una organización, y después voy a estar en mi rol de amigo probablemente, o de coach personal de un líder. **¡Tienes que saber tus roles!**

El problema de las personas que no saben seleccionar su tiempo, es que les cuesta enormemente poder **manejar sus roles**.

¿Por qué el concepto del **segundo cuadrante** te puede dar mucho poder en el manejo del tiempo? Porque se centra en **principios**.

Otro de los problemas de estos tiempos es que las personas creen que los medios para lograr fines es lo único que necesitan. ¡No!

¡Yo tengo que cubrir las 3 áreas!

Principios

Medios y

Fines.

Eso es lo que me da **completitud**.

Y me tengo que **preguntar:** ¿Cuáles son mis principios? A aquellas personas que no tienen **principios** les cuesta mucho más poder determinar roles, metas, objetivos, marco referencial.

El **segundo cuadrante** también tiene una dirección de **conciencia moral.** ¿Sé cómo llevar adelante todo mi proceso? Y ¿en dónde quiero tener resultados?

¡Estamos en un tiempo de máxima productividad! Tenemos que aprovechar bien nuestros **tiempos de productividad.**

Si me paso dos horas charlando por los pasillos, después no me puedo quejar de que **no me alcanzó el tiempo.** Si tengo dos horas atendiendo el teléfono de los jovencitos de la escuela, obviamente que no me va a alcanzar el tiempo. Pero **¿cómo lo voy a lograr? Cuando yo defino mi visión, cuando sé exactamente quién soy; para qué fui llamado.**

Ayudar a **equilibrar** la vida identificando **roles** y estableciendo **metas,** proporciona también un concepto más amplio por medio de la decisión semanal. Ya no vivimos por reacción, o por tareas o por **agendas** cronológicas. Todo esto se alinea a mi desarrollo semanal.

La **confianza** es uno de los elementos claves en este proceso. Es la forma más elevada de la motivación humana. Saca a la luz lo mejor de cada uno. Si yo tengo una agenda de **segundo cuadrante** y vivo saliendo a vivir la vida con confianza, puedo lograr cosas que hasta ahora no logré.

Déjenme **mostrarles esto de manera poderosa,** porque otro de los conceptos que hace que yo pueda organizar mi tiempo poderosamente es el **paradigma de la interdependencia:** el entender que nos necesitamos unos a otros. Cuando cada uno de nosotros empieza a **comprender** que no vivimos solamente en una relación de dependencia, o en una relación de independencia: "No te metas en mi área, yo me dedico a los costos, tú ve y dedícate a la venta". Cuando entendemos que somos uno y que nos necesitamos unos a otros, **los tiempos se manejan de una manera todavía mucho más poderosa.**

¿Cómo logro el segundo cuadrante y un manejo del tiempo poderoso? Tienes que trabajar en lo que llamamos los **6 depósitos principales**:

+ Comprender al individuo

+ Prestar atención a las pequeñas cosas

+ Mantener los compromisos

+ Aclarar las expectativas

+ Demostrar integridad personal

+ Disculparse sinceramente cuando se realiza un reintegro; cuando en realidad no logras aquello que planteaste que ibas a lograr.

Estos **modelos de relación** ayudan en tu cuenta bancaria emocional. Muchas personas son llevadas por los minutos de la vida porque no pueden lograr ser poderosos en lo que llamamos los depósitos principales.

Conclusión del segundo cuadrante: Este hábito involucra el liderazgo personal y la administración. El liderazgo determina qué cosa es primero, y la administración lo organiza diariamente para que podamos ser buenos administradores de nuestros tiempos. Debemos organizarnos y tomar acción en términos de nuestras prioridades.

Por eso necesitamos **checar:** ¿En qué parte de agenda me encuentro hoy? ¿Soy de los que estoy en una agenda de primera generación? ¿Soy de los que estoy en una agenda de segunda generación?, ¿Soy de los que estoy en una agenda de tercera generación? ¿Cómo llevo estas tres generaciones al segundo cuadrante? Y ahí aparece lo que llamamos **la agenda de quinta generación**.

Cuando **Covey** diseñó la agenda de **segundo cuadrante**, él no tenía claro que el mundo iba a entrar en un **proceso de cambio constante.** En ese momento, todavía el mundo era un mundo estático. Hoy es un mundo dinámico.

Y en este mundo dinámico necesitamos poder **venir desde el propósito**, ser mi propósito, ser mi misión, tener clara la visión, buscar el desafío. ¡Tú eres especial en donde estás! ¡No hay nadie que pueda ocupar tu lugar! Tú eres único y empecemos a entendernos unos a otros, desde ese lugar único.

La agenda por propósito es una agenda que lo que hace es que cada vez que revisa las reacciones, las tareas, la cronología, se pregunta: ¿qué es lo que va a hacer que se cumpla mi propósito esta semana? ¿Cómo voy a cambiar al mundo? O para aquellos que no tienen ánimos de cambiar el mundo: ¿Cómo vas a cambiar tu mundo? ¿Cómo vas a hacer tu mundo mejor? ¿Cómo vas a lograr en esta semana que los propósitos de vida se cumplan?

Hay casos fabulosos que están pasando en organizaciones que atendemos. Hay personas que hoy están yendo por la milla extra. Quizás no les corresponda hacer cosas, pero las están haciendo, porque vienen del **propósito**. Vienen de la **elección personal**. Vamos a trabajar en esta semana en **ser poderosos en el manejo de nuestro tiempo.** Vamos a preguntarnos: ¿y por qué me tocó ir a este lugar? ¿Cómo logro trabajar segundo cuadrante?

Tu punto de partida es desde tu agenda por propósito, entendiendo los tiempos y comprometiéndote a construir momentos de calidad que vivan para siempre.

PARTE II

DISEÑA

COMENZAR - ESTIRAR

COMENZAR

4

4.1 El principio de comenzar

Ya en **punto de partida** hemos trabajado la manera de pensar qué nos sirve para tener un punto de partida. Los términos "A distancia" y "ahora" nos fueron quedando chicos. El tratar de conocerlo todo para luego decidir, para luego actuar, tampoco nos ha servido mucho. Siempre llegamos tarde, o reaccionando.

Salir desde un punto de largada hacia un punto de llegada ya no nos sirve.

Es tiempo de preparar la convicción, relacionarnos poderosamente con los nuevos tiempos y con el tiempo en sí, buscando más el momento que el instante.

Y trabajar ese maravilloso concepto que es comenzar.

Todos los días en nuestro diario vivir estamos comenzando algo.

Quizás es hoy el día que elegiste aplicar un nuevo hábito en tu vida, o que decidiste ser alguien diferente en tu hogar, en tu iglesia, en tu trabajo.

Aunque nos parezca que nuestra vida es solamente seguir lo de ayer, muy probablemente esta semana es el comienzo de algo importante que marcará una línea diferente en tu futuro.

Nos gusta decir desde hace muchos años: "Hoy es el primer día del resto de nuestras vidas". Y tomar cada día como un nuevo comienzo. Pero también muchas veces que decidimos comenzar algo nuevo, o algo "de nuevo" no sabemos por dónde empezar.

Si hacemos esta pregunta en una encuesta, seguramente ganará la respuesta "Comienza por el principio".

Todos elegimos comenzar por el principio. Y entendemos el principio como la salida, y el final como la llegada. Entendemos el principio como un lugar desde donde largo. Entendemos el principio como una acción desde un lugar geográfico.

Sin embargo, los quiero invitar a que lo veamos desde otra perspectiva.

El mejor principio

El principio no debería ser simplemente una realidad geográfica o una acción determinada, sino mucho más que eso: un valor.

Vemos personas elegir cambiar, ir por aquello en sus vidas que hasta ahora no lograban, buscar ser una posibilidad para otros saliendo de la soledad o la depresión, entusiasmados con un nuevo comienzo, y cuando empiezan, no lo hacen desde "el principio".

La gran mayoría de las personas lo que hacen es tomar acción, pero sin fijarse en cuáles principios tienen en su interior que los lleve a un nuevo nivel, a una nueva manera, a un nuevo resultado. Normalmente cambiamos las acciones, pero sin incorporar o clarificar "el principio".

¿Cuáles son los principios con los que comenzaríamos algo?

¿Qué pasa que muchas personas empiezan con mucho ímpetu, en cualquier área, en cualquier dominio, en una relación, en un trabajo, en la vida cotidiana, y luego fracasan, si empezaron por el "principio"? Pero el principio no era un valor, no era amor, no era honestidad, no era oración, no era entrega, no era corazón puro, sino que era un lugar geográfico o una acción.

Para poder comenzar veamos en las escrituras. ¿Cuáles fueron los principios de los grandes? Por ejemplo, Jesús cuando comenzó su ministerio, ¿cómo empezó? O ¿cómo empezó Pablo, cuáles principios tuvo, o cuáles circunstancias tuvieron alrededor que hicieron que llegaran al fin que llegaron? ¿Cuáles son los puntos bíblicos que nosotros podemos tomar para desarrollar en nuestros comienzos?

¿En qué te gustaría comenzar de nuevo si tuvieras todas las posibilidades de conseguirlo, o si supieras que al final tienes el éxito asegurado? ¿Qué es lo que comenzarías?

El principio de Jesús

El mismo Señor Jesús comenzó su ministerio orando; tomando tiempo especial de preparación. Comenzó su ministerio en medio de la congregación, abriendo las escrituras y leyendo aquello que hablaba de quién era. Comenzó sin dejarse amedrentar por los que querían que siguiera siendo el hijo del carpintero y no su propósito en esta tierra. Su principio fue poder, ministración, compasión. ¿Cuál es tu principio? ¿Solo una nueva acción? ¿Una reacción a lo que no salió, a lo que el mundo quiere de ti, a lo que no está sucediendo? ¿O estás comenzando por el principio?

El principio de Pablo

El gran apóstol venía de buscar hacer la voluntad de Dios, pero equivocadamente. Y llegó un día en que el Señor Jesús lo bajó del caballo y lo invitó a ser el más pequeño para servir al más grande.[9] Y cuando sacó las escamas de sus ojos, que no le permitían ver (me gusta pensar que todos debemos no solo bajarnos del caballo, sino también pedirle a Dios que nos haga ver lo que no vemos), empezó por el principio. Fue a Tarso y durante años se entrenó, buscó llenar su interior. No fue el primer día a los pies de los líderes a contarles que nuevas acciones generaría con el nuevo llamado que Jesús le había hecho, sino que fue en busca de empezar por el principio. Se llenó de humildad, se convirtió en aprendiz, se entregó a llenar su vida de ese Jesús que lo había llamado.

Hoy es tu gran día para llegar al lugar que Dios te llamó. Pero empieza por el principio. Con medios sin principios no alcanza. Debes ser una persona de principios, para luego agregarles medios poderosos para fines trascendentes. Basta de salir a la vida a cambiar las acciones, sin mirar atentamente los principios que nos mantendrán conectados con el Altísimo. Que hoy sea un gran día para incorporar principios siguiendo el ejemplo del Apóstol Pablo o del Señor Jesús. ¡Seamos hombres y mujeres que siempre comienzan por el principio!

Personas con principios, pero profesionales.

Debemos trabajar eso.

Ya no estamos en el tiempo de los fines. Las marchas por ideales están desapareciendo. Las personas han cambiado sus derechos como ciudadanos a sus derechos como consumidor. No estoy diciendo que esto está bien; solo estoy haciendo una lectura de la realidad.

---

9. Ver Hechos 9.

Esas mismas personas pasaron también por seguir a aquellos que les dijeron que lo que importaba ya no eran los fines, sino los medios. Y que legislan desde la búsqueda de medios para hacer felices a las personas.

En un mundo desarrollado como el actual, y con muchos países llegando a niveles de conocimiento nunca antes visto, seguimos viendo que corazones que comienzan por fines o medios, son corazones vacíos.

Es tiempo de comenzar por el principio; personas que creen que sus principios son su base de comienzo para cualquier acción. Que su punto de partida sea el principio.

Pero el gran desafío ahora es contar con personas que sean personas de principios en cada una de las cosas en las que se desarrollen, pero profesionales. Que conozcan los medios y tengan buenos fines.

Personas que anteponen sus principios al bienestar general o que van por ellos sin los medios, recursos, habilidades para lograrlo serán personas que solamente se quedarán en el principio.

En el punto de partida para comenzar por el principio debo preguntarme si hacia donde voy tengo claro qué me falta.

El entendimiento de la brecha entre quien soy y quien elijo ser es clave para hacer de las personas con principios, individuos exitosos.

Cuando uno viene de la visión estratégica, y lo hace desde el centro mismo de sus principios, puede comprometerse con buscar qué es aquello que necesita, e ir por ello.

Cuando trabajamos con organizaciones y definimos adónde ir y cuáles son los compromisos, lo primero que nos preguntamos es desde dónde vamos a comenzar.

¿Tengo los recursos? ¿Tengo la manera de ser?

Cinco grandes temas están siendo evaluados para comenzar exitosamente.

1. Líderes que puedan desarrollar el máximo potencial de las personas.

2. Personas empoderadas.

3. Prácticas de excelencia.

4. Análisis profundo.

5. Máximo uso tecnológico.

Si decido comenzar por el principio y tengo buenos fines, pero no me he preparado en mi punto de partida para comenzar con un desarrollo estratégico poderoso, corro riesgo de reaccionar al afuera o improvisar el adentro.

4.2 Visión

Punto de partida es poder ayudarte a entender lo que es el diseño de futuro. La gran mayoría cuando diseñan futuro, se paran en lo que van a hacer.

Cuando les preguntas a las personas qué esperan para el futuro te cuentan que esperan tal y tal y tal, y la gran mayoría tienen que ver con el hacer. Pocos te hablan de un diseño para trabajar con el carácter, como "Este año seré más perseverante, o voy a ser más disciplinado". Son un porcentaje mínimo los que te plantean cuestiones en el carácter o en lo personal. Pero mucho menos aún el trabajar el diseño de futuro desde los modelos interpretativos.

Es cuando uno entiende que mirar hacia adelante es una construcción lingüística y que no puedo determinar el hacer, que no tengo poder sobre las circunstancias y mucho menos aún sobre lo que pasará.

Yo no tengo control sobre las circunstancias. Pero sí tengo control sobre mi vida. Tengo libertad para elegir.

Es que plantean el diseño de futuro con acciones o metas. Te invito en tu punto de partida a trabajar la manera de ser y una visión, y no solo una meta. La visión es lo que veo, no solo adonde voy a llegar. Es cómo voy viendo en ese camino hacia donde voy. Y para que la visión pueda trabajar en uno, tiene que ser extraordinaria.

¿Por qué tiene que ser extraordinaria? No es ir por una visión extraordinaria porque estemos deseosos o ansiosos por tener y lograr muchas cosas. Ese no es el sentido de visión extraordinaria. Si así fuera perderías la posibilidad de tener profundidad por estar preocupado con ampliar superficie.

No es la búsqueda de una visión extraordinaria porque queremos algo más grande que el resto, sino porque el espacio de aprendizaje para crecer está fuera de nosotros.

Con la manera de ser que tenemos llegamos hasta acá. Si buscamos tener nuevas realidades en nuestras vidas, tanto espirituales, como materiales, como físicas, como relacionales, lo vamos a lograr con una manera de ser que hoy no tenemos.

Por eso cuando uno plantea una visión extraordinaria es para que aparezca lo más importante de la visión extraordinaria, que no es la meta, sino la brecha.

Si cuando planteas tu visión extraordinaria pones tu mira en la meta, vas a llegar con mucho esfuerzo, pero con la misma manera de ser que tienes.

En cambio, cuando te das cuenta que plantear la visión extraordinaria es para tomar conciencia de la brecha que hay entre quien soy y quien elijo ser, es cuando aparece el espacio más preciado en un desarrollo y expansión del punto de partida que es la brecha.

Allí es cuando aparece el gran desafío de elegir quienes queremos ser. Porque al detectarse la brecha, eso me permite regresar al presente y ver cómo afloran los compromisos, o la falta de ellos.

Si este es tu punto de partida hacia tu visión, estarás saliendo de la cultura del hacer, de la cultura del conocer, y entras en la cultura del compromiso.

Y ese es el maravilloso tiempo para preguntar si verdaderamente quiero estar comprometido con la visión que enuncié.

Hay momentos en la vida donde uno empieza a tornarse más sabio. Ojalá que los jóvenes puedan aspirar a una mayor sabiduría, cuando la Palabra de Dios vive en ellos, cuando pueden discernir mucho más que otros.

El reconocimiento de la brecha es lo que te va a servir para que te puedas preguntar seriamente si estás o no comprometido con la visión enunciada.

Y te encontrarás con situaciones en donde tú mismo dirás: "No estoy comprometido".

Visión y toma de conciencia de la brecha es un excelente comienzo desde el cual partir.

4.3 Punto de partida ante la adversidad

Cuando diseñaste un futuro poderoso y vas hacia él con optimismo; cuando regresaste al presente, lo pusiste en tu lenguaje y lo llevaste a tus acciones cotidianas; cuando estás caminando hacia el diseño que te hiciste cargo, pero en el medio aparece una adversidad, ¿cómo respondes?

Me gusta buscar y pensar en la sabiduría de las escrituras y encontrar en ellas la dirección de Dios para cada tema. En cuanto a preocupación, hay cuatro palabras que aparecen en la Biblia. Una es una preocupación distrayente como la ansiedad, otra es la angustia, otra es la dispersión y otra es la presión mental. *Thlipsis* es la palabra que usa para presión mental, y es esa preocupación que viene de fuera de ti. Es esa adversidad que no fue generada por ti, sino que viene de circunstancias externas.

Tú puedes haber diseñado el futuro, haber llegado al presente de manera comprometida, y en el medio de tu caminar aparece algo que te cambia todo el panorama.

¿Cómo te relacionas con eso?

Puedo hablarte de punto de partida en la adversidad no solo porque estudié sobre el caso, sino porque lo viví. En la mejor etapa de nuestras vidas, cuando el éxito de nuestra organización estaba en su apogeo, cuando todo lo sembrado estaba listo para cosechar, surgió un imprevisto que nos cambió. Le diagnosticaron cáncer a mi esposa.

Salir del médico luego de haber escuchado que tenía un cáncer categoría 4 en uno de sus pechos, y que si no actuábamos rápidamente podía morir, fue un *shock* para todos nosotros.

Cuando te pasas el día deseándole el bien a todos y a todo lo que pasa delante de ti, cuando te dedicas a ayudar en sus sanidades a los que están cerca, ver que la enfermedad comienza a ser una conversación en tu vida no es agradable. Y causa mucho dolor. Pero como nos gusta decir: "el dolor es inevitable, el sufrimiento es opcional".

La mujer de toda mi vida estaba siendo tomada por una adversidad ajena a ella, y todos nosotros teníamos el corazón partido. Esa mujer con quien llevábamos decenas de años juntos. Y había que elegir si éramos nuestra enfermedad o nuestra convicción. Y nos lo decíamos a cada rato: que presentaríamos la mejor batalla, que era vivir cada día plenamente y hacer todo lo que debíamos, pero que nada ni nadie, ni siquiera un cáncer nos haría doblegar nuestros principios o nuestras convicciones.

Lo que yo más amaba estaba siendo ultrajada por algo externo a nosotros. Laura, el amor de mi vida, esa mujer que siempre está dispuesta, que siempre atiende a todo el mundo con una sonrisa, que ha sido de posibilidad para miles de personas, que siempre ha sido un corazón entregado, estaba pasando dolor y nosotros con ella.

Al principio uno no lo entiende. Uno dice: "¿Qué pasó? ¿Me equivoqué en algo?". Me preguntaba, como dice la Biblia: "*¿Quién pecó? ¿Este o sus padres?*".[10] Fue un shock. Nos encontramos que estaba con un cáncer avanzado en etapa 4 que también había tomado sus ganglios, y había que empezar un tratamiento urgente.

Allí en medio de la adversidad, pudimos aprender varias cosas. Primero: que Dios seguía en control. Esto nos pasó en el mes de agosto, y vimos cómo Dios desde marzo había preparado todo para que pasáramos esta adversidad. Había mudado a nuestras hijas cerca. El día que nos enteramos estaba toda la familia cerca. Lo segundo que nos pasó es que nos dimos cuenta que teníamos dos caminos: o buscábamos la solución a esto, o buscábamos aprendizaje. Normalmente las personas, cuando hablan de enfermedad, solo buscan soluciones. Nosotros elegimos empezar a hablar de aprendizaje. Y en la intimidad de la relación que tengo con mis lectores quiero decirles: la sanidad de Laura, que es un hecho, es el milagro más pequeño. Dios ha trabajado con todos nosotros en medio de la adversidad. No fue solo el cáncer de Laura, fue de todos. Fue nuestro espacio de sufrimiento, de dolor, de reflexión, de arrodillarnos a los pies del Señor de toda la familia. Y todos tuvimos que preguntarnos quiénes elegíamos ser; qué queríamos aprender de esto. Me di cuenta que yo estaba dispuesto a ayudar, y que estaba preparado para ayudar. Y que estaba súper comprometido con ayudar. Pero que no permitía que nadie me ayudara. Y en ese contexto me encontré con personas que solo están con nosotros porque les interesa lo que hacemos. Y que cuando hay un problema o un sufrimiento se van rápido. Así que le agradezco a Dios

---

10. Juan 9:2.

por este tiempo porque me ayudó a limpiar la casa. También me encontré con los amigos. Apenas tuvimos la noticia, levanté el teléfono y llamé a algunos de ellos. Personas que están contigo, dispuestas a ser una posibilidad en tu vida en medio de la adversidad. Me recuerda el caso del Apóstol Pablo en las escrituras, que mencionaba que una de las maneras de salir de la adversidad es rodeándote de personas que te apoyen y te sostengan. Cada uno de estos amigos te llaman y muchas veces tú no los atiendes, pero ellos solo te dicen: "Te llamo para que sepas que estoy contigo".

Dios usa fuertemente a este grupo de personas para enseñarnos que para seguir creciendo no solo debes ayudar, sino permitir que te ayuden.

PARA SEGUIR CRECIENDO NO SOLO DEBES AYUDAR, SINO PERMITIR QUE TE AYUDEN.

Otra de las cosas que debemos trabajar en el punto de partida ante la adversidad es que puede sacar lo peor de tu individualidad o lo mejor de tu familia.

Cuando alguno de los miembros de tu familia está en medio de la adversidad, el éxito ante la adversidad está en entender que todos estamos pasando la adversidad. No solo uno de los miembros. Todos vamos a la quimioterapia. Todos tenemos cáncer. Yo tengo cáncer. No es ella. Somos nosotros.

Quizás uno de los aprendizajes más grandes que tuve en este tiempo de adversidad es el siguiente. Nosotros entrenamos muchos líderes y muchas iglesias. Yo pensaba que estaban los cristianos que vivían las promesas, los cristianos que creían, y que había un nivel superior que eran los ungidos. Me pasé la vida enseñando que una persona debía dejar de ser un cristiano nominal, que solamente cree en la Palabra de Dios, que lo mide todo por lo que se puede hacer o no, y que nada al tanteo por la Biblia o por la vida, y convertirse en un ungido que Dios ponga su mano sobre ella y que eso le permita vivir un cristianismo de experiencia. Pero Dios me mostró en este tiempo que había algo más grande.

Hay algo más profundo que ser un cristiano de promesas o un cristiano de unción, y es vivir en Su presencia. Aprendí en esos meses que no hay lugar más grande que estar a sus pies. Poder cerrar los ojos y ver a Jesús en el trono celestial, sabiendo que Él está vivo y está intercediendo por ti y por mí. Y que está vivo. No está ausente. No es una historia del pasado o del futuro. No es un Jesús histórico, sino está vivo. Con cuerpo incorruptible y espíritu vivificante, está vivo en el mundo espiritual.

La adversidad tiene que permitirte darte cuenta que puedes ir y cobijarte a los pies de quien es Señor de cada momento. De quien no tiene tiempos ni principios ni fines, y que está dispuesto a amarte ahora. Que no te deja ni te desampara, ni siquiera en la noche más oscura. Estas son las cosas que más hemos aprendido en estos días.

> **EL AMOR NO ESTÁ EN PENSAR POR EL OTRO, SINO DESDE EL OTRO.**

Para ser poderoso en medio de la adversidad, debes saber que solo se puede pasar exitoso un proceso de adversidad en el contexto del amor. Mi esposa y yo estamos en un momento donde nos amamos más que nunca. Más que nunca aprendí que el amor no está en pensar por el otro, sino desde el otro. Y en la adversidad es clave.

Es un momento donde tienes que estar conectado: tienes que saber que Dios es tu suficiencia, tienes que dejar que te ayuden, tienes que vivir el proceso como un proceso de aprendizaje y no como la búsqueda de la solución, y tienes que vivir las veinticuatro horas en el contexto del amor.

Nunca se cortó el pelo Laura. Su cabello era su tesoro, era su estandarte.

Esa noche nos miramos y tomamos la decisión de hacerlo juntos. Nos fuimos al baño, tomamos una cortadora y tijeras, y de común acuerdo decidimos que iba a ser yo quien le cortara el pelo.

El pelo caía y aparecía su cabeza desnuda.

Estar en ese momento nos encontró llorando. Nos dolía en el alma. Nos dolía el cuerpo. Pero elegimos no sufrir. El dolor era inevitable. Teníamos una tremenda angustia. Pero en medio de ese dolor estábamos tomados de la mano, juntos, estábamos confiando en el futuro, nos mirábamos a los ojos y nos amábamos igual con pelo que sin pelo.

El pedido constante de quien pasa por la adversidad es que uno esté con él o ella la mayor cantidad de tiempo. El pedido constante de Laura ha sido: "Estate conmigo".

Cuando un miembro de la familia pasa por una enfermedad o adversidad, lo primero que hace es pensar que es su problema, su enfermedad, sus circunstancias, que le trae una carga a toda la familia y que tiene que resolver. Piensa "lo voy a llevar solo". El secreto más grande es entender que no es uno el que está enfermo; es todo el grupo familiar. Ella no está enferma, sino nosotros estamos enfermos. Que no es uno el que se va a sanar, sino nosotros que nos vamos a sanar. Salir de la cultura del yo y entrar en la cultura del nosotros.

> **SER PROTAGONISTA PASA POR ELEGIR CADA DÍA ESTAR VIVO, Y DAR LO MEJOR DE TI PARA EL LOGRO EXTRAORDINARIO.**

Cuando nos sucedió la adversidad, Laura estaba justo lanzando sacando su libro *Mujer protagonista*. Y tenía una agenda súper llena que tuvimos que suspender, y parecía que ella debía adecuarse a ser espectadora de lo que pasaba hasta que terminase. Sin embargo, Laura te menciona que en ese momento fue cuando se sintió más protagonista que nunca.

Ser protagonista pasa por elegir cada día estar vivo, y dar lo mejor de ti para el logro extraordinario.

Hoy Laura respira con doble pasión. Hoy tiene una percepción diferente de la vida. Porque cuando uno tiene enfermedad que es enfermedad de muerte como puede ser el cáncer, uno toma más conciencia de la vida.

Si y ojalá que no te tenga que pasar a ti, pero si tienes algún miembro de tu familia con un problema de adversidad, elige pensar desde él, abrázalo, toma conciencia con él de lo linda que es la vida.

Un punto de partida en medio de la adversidad es venir desde tus sueños.

La Gran Batalla es vivir el presente desde el futuro que viene, y no solamente vivir el presente con incertidumbre del futuro. Si solamente vas a seguir con lo que está pasando, tratando de solucionar el hoy, probablemente llegues muy débil al mañana. Ahora, si tratas de solucionar el hoy con la fuerza del mañana, vas a llegar al mañana fortalecido.

> **SI TRATAS DE SOLUCIONAR EL HOY CON LA FUERZA DEL MAÑANA, VAS A LLEGAR AL MAÑANA FORTALECIDO.**

Un punto de partida en la adversidad es saber que tus lugares más privados no son tu superficialidad.

Es en estos momentos cuando sale lo mejor de ti. Y si uno está dedicado solamente a cuidar el exterior o los sentimientos o pasar momentos de placer y no cuidó el interior, posiblemente este sea el gran momento para fortalecer tu interior para ser diferente adentro.

En la adversidad es cuando te sacuden y te hacen reflexionar. Y Dios te dice: "Okay, mira, sigo en control, arrodíllate, estate en mi presencia. Te perdono y voy a cubrirte en lo que venga a futuro". Ojalá no te quedes simplemente en el ayer como le dijo Jesús a la mujer que iban a apedrear: *"Ni yo te condeno; vete, y no peques más"*.[11]

Estas tres pautas son claves para pasar la adversidad:

+ *Si te condenas por lo que pasó, fracasarás.*

+ *Si no te puedes acercar al Señor porque tienes vergüenza, Él te está esperando con los brazos abiertos y siempre estirando su mano abierta.*

+ *Y tercero, si vas a seguir haciéndolo mañana, de nada sirvió este aprendizaje.*

Toma decisiones sólidas, aprende. Por eso si solo buscas solucionar el problema y tomar la enfermedad como problema, solo vas a resolver la enfermedad. Ahora, si eliges aprender de ella, posiblemente te eleves en tu vida cotidiana.

A los que están en adversidad: pon tus cosas en orden, abre tus brazos, déjate amar, haz lo que tienes que hacer, ora, ve donde creas que Dios va a sanarte, confía en la sanidad de Dios y confía en los procedimientos médicos. Dios te puede sanar de diferentes maneras. Recuerda que una enfermedad no solamente es una cosa; puede ser un montón de cosas. Y la enfermedad no es solamente de uno, puede ser de varios. Entonces, comparte tu enfermedad. Y probablemente vas a poder compartir la sanidad de la misma.

Yo creo en un Dios que sana y sana a la familia cuando la familia elige arrodillarse junta, y confiar en que Dios está ayudando.

---

11. Juan 8:11.

ESTIRAR

5

Un secreto revelado:

De Tierra de Esclavitud a Tierra de Plenitud

El punto de partida como un estilo de vida y no solo como un punto de comienzo que va a la lucha contra circunstancias inciertas requiere que tú…

Puedas tener convicción preparada.

Puedas abrir conversaciones desde el modelo que Dios plantea en Génesis 1.3.

Midas los tiempos por momentos y no por instantes.

Puedas comprender el mundo en el que vives y cómo debes tener accesos poderosos y no solo acciones poderosas.

Comiences desde el principio, sabiendo relacionarte con la adversidad.

Para esto debes aprender a estirarte, entendiendo que hay secretos que la Palabra de Dios tiene para ayudar a una persona a salir de toda área que lo limite, y llevarlo a nuevos niveles y lugares.

Dios dejó un secreto de cómo pasar de la esclavitud a la plenitud.

EL SECRETO ESTÁ EN APRENDER A SALIR DE LA CAUTIVIDAD, PASAR POR EL ESTIRAMIENTO Y LLEGAR A LA PLENITUD.

Hay una forma que Él muestra que puede ser aplicada a cualquier área de tu vida y llegar a vivirla de ese modo.

El secreto está en aprender a salir de la cautividad, pasar por el estiramiento y llegar a la plenitud.

Y comprender que cada uno de estos estados tiene reglas y acciones diferentes. Déjame profundizar en tan maravilloso secreto...

5.1 Estirado o estresado

Dios ha dejado reglas para que podamos aprender a estirarnos al nivel de vida que Él desea que estemos.

Es importante tomar conciencia de la brecha que hay entre quienes somos y quienes elegimos ser.

No es su deseo que uno ande estresado por la vida, sino que uno pueda estirarse a la manera de ser que Él plantea en las escrituras.

Es la gran pregunta de estos tiempos. ¿Estirado o estresado? ¿Qué es lo que cambia la diferencia entre vivir estresado o vivir estirado? No es la circunstancia, es tu relación con ella.

Por más que tengas resultados, que hayas llegado o que partas de un lugar de conocimiento o recursos, si no te preparas para estirarte, cruzarás la brecha con altos niveles de estrés.

Tú tienes que elegir si **vas a ser** tus circunstancias o tus convicciones.

No hay peor cosa que **gestionar desde la necesidad.**

Vemos a diario personas que tienen resultados, pero con costos altísimos. ¿Es la única manera en que se puede? ¿Es la única forma que la mitad de tu vida quede en el camino? Creemos que no. Entiendo que hay formas de poder lograrlo y disfrutar el proceso. Formas en donde puedes crecer y avanzar hacia lo extraordinario.

Y la Palabra de Dios es clave en entender que existen formas en las que Dios trabajó para ayudar a una persona a estirarse y llegar a nuevos niveles.

Debemos trabajar la manera de ser. Tener mente de tierra prometida. Poder aprender a salir de la esclavitud y pasar por el desierto del estiramiento.

La brecha entre quien soy y quien elijo ser puede ser un camino de estiramiento, de aprendizaje, de disfrutar.

Pero si solo buscas ser acciones sin futuro, si tu punto de partida es hacerlo, si vas por resultados sin crecer en el camino, seguramente el estrés será parte de tu vida cotidiana.

Podemos, sin importar en cuál estado o contexto te encuentres, ir hacia la tierra prometida.

Que mi punto de partida sea la tierra prometida. Pero si mi punto de vista es esclavitud, difícilmente pueda llegar a mejores lugares con esas maneras.

Debo estirarme de quien soy a quien elijo ser. Estirarme de tierra de esclavitud a tierra de bendición.

Es muy interesante no solamente saber las escrituras, sino entenderlas. Hay una gran cantidad de ejemplos y modelos en ella que nos permiten crecer y aplicarlos en diferentes áreas de nuestra vida.

También hay tipologías que nos moldean, que nos sirve de modelo.

Una de ellas es la relación que Dios tiene con su pueblo, el pueblo de Israel. De la misma manera que se relaciona con ellos, lo hace con cada uno de sus elegidos. Y las reglas que usa en los tres contextos y tipologías son los mismos que usa con el hombre.

Dios ha dejado reglas y formas diferentes en su trato con el hombre. No se relaciona igual con el hombre que se encuentra en esclavitud, con aquel que está en un proceso de crecimiento, como con quien se encuentra en un contexto de expansión.

Esclavitud, desierto o tierra prometida son tres estados, tres contextos con diferentes reglas y modelos para que uno pueda llegar al estado que elegimos, y lograr hacerlo con un proceso poderoso.

Estirarse y no estresarse depende de un uso correcto de cada regla en su tiempo y de cada desarrollo en su contexto.

Dios ha dejado reglas para tu relación con Él, y debemos conocerlas para tener un andar victorioso.

Vemos a muchos caminar aplicando principios de un estado en otro, y preocupados de no vivir en la abundancia de Dios. Vivir en la esclavitud, en la cautividad o tomado por algo o alguien no es el deseo de Dios para tu vida. Él, desde siempre, te ha elegido para que vivas en medio de una tierra que fluye leche y miel, que todo lo que hagas prospere, y que todos conozcan que tu vida refleja lo que Él es en ti.

Sin embargo, seguimos encontrando a miles y miles de personas que viven cautivos o en esclavitud, y que aunque son parte de la familia de

Dios, en sus mentes, en sus corazones o en su vida entera siguen formando parte de la esclavitud.

Nos pasa a menudo que vemos personas buscando generar prosperidad y bendición de parte de Dios y que no lo logran. A veces es por no estar en el lugar correcto, a veces por no hacer aquello que Dios desea en el tiempo en que Dios lo desea, y a veces por no estar en el tiempo correcto que Dios tiene para tu vida.En cualquiera de estos casos necesitan salir de allí y no con un proceso de estrés, sino de estirarse.

En el mundo de lo automático, del instante y de todo rápido algunos viven pensando que se puede tener un niño en 10 días, que se puede bajar de peso en 1 hora, que se puede llegar a ser sabio en un suspiro, y no comprenden la validez del proceso.

Otros no pueden reconocer que se encuentran en un tipo de tierra que tiene principios y modelos que llevar a cabo, que son IMPORTANTES para poder pasar al siguiente nivel, y desean saltar del problema a la solución sin caminar el proceso.

Hemos descubierto que en el diseño de Dios cada una de las tierras (espacios y contextos) en las que me encuentro tiene principios, técnicas y desarrollos diferentes a las otras. Y que si aplico los principios equivocados, por más esfuerzo, estiramiento o ahínco o espiritualidad que tenga, no lograré ir al siguiente nivel.

Esto pasa con un dominio o área en la vida de la persona, con la persona misma, con una sociedad o con una organización.

Debemos recorrer el camino hacia la plenitud con las reglas que Dios nos reveló en Su Palabra. De ese modo llegaremos a la plenitud y podremos cada día saber qué hacer ante acontecimientos o espacios que nos hagan retroceder y donde necesitamos saber exactamente qué hacer.

Si aplicas cada uno de los puntos que aprenderemos en este camino, podrás caminar sin desmayo ni estrés hacia lo mejor que Dios tiene para ti.

La Palabra de Dios te invita a entender los tiempos y procesos que un hombre necesita llevar para caminar hacia la tierra que fluye leche y miel. Y debes comprender que el deseo de Dios es que llegues allí en cada área de tu vida.

Lo que no puedes nombrar no existe.

No fue solo una opción el que Adán recibiera un pedido de Dios de que le pusiera nombre a cada animal que se encontraba en el huerto. En el acto de nombrarlo, comienza a distinguirse, y existe para uno.[12]

Muchos viven vidas cegadas por no poder nombrar ni distinguir la bendición, un estilo de vida conforme al de Dios, una economía conforme a la de Dios, y un poder fluyendo del mismo centro de su voluntad.

El Señor me ha llevado los últimos años por muchísimos países.

He visitado muchísimas iglesias de diferentes denominaciones y estratos sociales. Y puedo decirles que solo aquellas iglesias que adoran y oran en lo profundo de su corazón por sus líderes, por la congregación y por el tiempo de culto de prédica y enseñanza son las iglesias que crecen y se multiplican.

Existió un predicador llamado Charles Spurgeon, de los más grandes conocidos en la historia de la Iglesia Moderna. Su iglesia creció de decenas a miles. Cuando muere, 60000 personas fueron a su velorio. De tres kilómetros era la longitud de la fila de personas que iban a darle su saludo y a expresar su gratitud en la ceremonia.

---

12. Ver Génesis 2:19.

Cuando entrabas a su congregación y veías a los miles sentados, podías suponer que tenía mucho que ver con el gran predicador que era. Pero si visitabas el sótano de la iglesia, te encontrabas con cientos de creyentes orando. Esa iglesia cambió el destino de muchos, no solo en Gran Bretaña, sino en el mundo. Y él podía pararse erguido y firme en el púlpito a predicar, porque había una iglesia atrás que lo sostenía, que estaba con él, que oraba y que ministraba.

Dios nos ha llamado para un propósito. Él te invita a que entiendas que no eres una copia, que eres un original, y que no hay circunstancias o situaciones que puedan contra ti, si vives bajo su llamamiento.

Si las circunstancias, el pasado y el futuro te están diciendo que no puedes, que la única manera es sobrevivir, Dios te dice que es tiempo que elijas este presente y lo vivas como lo que es: un regalo, un presente de Dios para ti. Que lo vivas no solo como el presente, sino como "un presente", y no solo para ti, sino también para quienes tienes a tu alrededor, dejando de mirarte el ombligo como único lugar hacia donde uno ve, sino un presente para el otro, con la posibilidad de vivir en el otro.

5.2 Tipología del pueblo de Israel

Quiero mostrarte en la Palabra de Dios una tipología del pueblo de Israel, que nos lleva a comprender los procesos de estiramiento y cómo lograrlos. Es comprender acerca de la **tierra de la esclavitud, de la tierra de suficiencia o de la tierra de abundancia.**

De lo que te voy a compartir quizás hay algunas áreas de tu vida en donde te vas a encontrar que estás en una tierra, en otras que estás en otra tierra, o vas a ver que como pueblo vas a estar en una tierra.

Por ello quiero mostrarte unos principios, una manera de ver esta tipología que encontramos en las escrituras, que si lo puedes tomar te va a ser de gran utilidad para llegar a ser quien Dios nos llamó a ser, especiales, únicos y además protagonistas de un mundo que cada vez necesita más de los cristianos que estamos dispuestos a no solo estar listos, sino también preparados; de cristianos que no solo están dispuestos a orar encerrados, sino pararse en el medio de la congregación para que el Espíritu llene ese lugar.

Decíamos que hay tres tipos, estos tres tipos los vemos en el pueblo de Israel, y nos da el ejemplo. Este pueblo pasó por tres etapas muy interesantes.

5.3 Tierra de esclavitud

Ellos no llegaron a la esclavitud de un día para el otro. Pasaron años. El cambio de las condiciones económicas y de gobierno fue el factor desestabilizador, pero ellos poco a poco fueron cayendo en la esclavitud.

A la esclavitud no se llega de golpe. Quizás la cárcel es abrupta, pero la esclavitud comienza cuando decido ir hacia aquellos lugares donde pierdo la libertad.

> **LA ESCLAVITUD COMIENZA CUANDO DECIDO IR HACIA AQUELLOS LUGARES DONDE PIERDO LA LIBERTAD.**

El caso de Abraham y Lot. La Biblia menciona que Lot fue poniendo sus tiendas hacia Sodoma hasta que terminó dentro de Sodoma.

Uno va camino hacia... Lo mismo sucedió con el pueblo de Israel.

Primera etapa: Ellos estuvieron viviendo en tierra de esclavitud. Aquí **el principio fundamental para vivir en tierra de esclavitud es mucha oración.**

Aconteció que después de muchos días murió el rey de Egipto, y los hijos de Israel gemían a causa de la servidumbre, y clamaron; y subió a Dios el clamor de ellos con motivo de su servidumbre. Y oyó Dios el

gemido de ellos, y se acordó de su pacto con Abraham, Isaac y Jacob.
Y miró Dios a los hijos de Israel, y los reconoció Dios.[13]

En tierra de esclavitud si no oras, difícilmente podrás salir bien. Conocemos a muchos hermanos que viven esclavos de algún hábito o situación que todavía no pueden entender que la manera de poder salir de ese lugar es con mucha, mucha oración. Ellos estaban en cautividad. El faraón que los había llevado a Egipto había muerto. Los que estaban allí estaban nerviosos y preocupados de como este pueblo crecía y se multiplicaba, entonces comenzaron a presionarlos, a oprimirlos al punto tal que hubo un decreto que decía que todo hijo varón de ese pueblo debía ser matado. Los israelitas vivían en una gran cautividad; es interesante este concepto de cautividad.

Clamar

Para comenzar cualquier proceso de estiramiento hay que salir de la esclavitud; definir en qué áreas estás cautivo y en ella usar las reglas de esta tierra especial.

Muchas personas encontramos hoy en medio de esclavitudes. Situaciones personales de las que no salen, cautividades emocionales, financieras, relacionales, en la salud.

Cuando estás en esclavitud la clave no es visionar, o esforzarte o cambiar las acciones que estás llevando a cabo.

Lo primero que necesitas para salir de la esclavitud es clamar.

Que puedas llegar a lo profundo de tu ser y desde allí, gemir y clamar con todo tu ser.

Que la toma de conciencia de aquello que te tiene cautivo en tu vida se manifieste por tu gran y profundo deseo de salir de ella a través de una

13. Éxodo 2: 23-25.

intensa oración. No solo de oración, de una intensa oración, persistente, con propósito, con fe, y sabiendo que estás en una situación en donde necesitas que cosas sucedan más allá de ti mismo, y que no eres dueño de cambiarlas.

Pero sí sabes quién es El que lidera el Universo y tiene dominio sobre todo, y Él puede ayudarte a salir de la esclavitud.

El pueblo de Israel clamó con todo su corazón, profundamente, gimió en la desesperación y propuso en su corazón salir, accionando y no permitiendo más que la cautividad los tuviera o se llevara a sus primogénitos. Y fue allí cuando Dios escuchó y actuó.

Muchos esperan que Dios se ocupe de sacarles de la pobreza, o de la adicción, o de la depresión. Quieren llegar a procesos de resultados sin estirarse, sin primero comprometerse con salir. Y cuando uno les dice que las reglas son que deben clamar como principio para salir de la esclavitud que les tiene, prefieren no hacer nada.

Pero es Dios quien está más interesado que nadie porque tú clames, tomes conciencia y propongas no dejarte robar a pesar de las circunstancias o de la cautividad en la que estés.

Cuántas veces hemos escuchado de jóvenes cautivos por diferentes tipos de drogas que roban y hurtan solo para comprar más y más. No tienen ya dominio de sí mismos. Y eso es una esclavitud. Escuchamos de hombres y mujeres de Dios que han estado cautivos de problemas sexuales, que cautivos de la cultura o de los hombres y sus reglas, entran en espacios de cautividad enfermiza. No saldrán hasta tomar conciencia, hasta clamar e ir en busca de lo que Dios quiere para ellos.

Clamor, pero no queja

Había una gran diferencia. Ellos en el medio de la adversidad, luego de haber sido enviados por Dios a Egipto, podrían haberse quejado; echarle a Dios la culpa y quejarse por todo lo que estaban viviendo que no merecían vivir.

Pero hay una gran diferencia entre quejarse y reclamar.

La queja habla de mí, mientras que el reclamo habla de lo que me está sucediendo.

Cuando las escrituras nos mencionan que el pueblo de Israel gemía y clamaba era una actitud de contarle a Dios aquellas cosas que ellos deseaban que cambiaran, y no simplemente contar todo lo que les estaba pasando.

> **LA QUEJA HABLA DE MÍ, MIENTRAS QUE EL RECLAMO HABLA DE LO QUE ME ESTÁ SUCEDIENDO.**

Algunos quieren salir de la cautividad en el papel de víctimas, y de la única manera que se sale de la cautividad es siendo protagonistas.

Reclamar es poder sacar afuera e ir tras el resultado de cambiar lo que está sucediendo, sin ánimo de victimizarme ni de esperar que las circunstancias sean las dueñas de mi destino. Hasta en la situación de incapacidad, de falta de reglas claras, de estar esclavizado, yo puedo ser un protagonista y no un espectador de mi vida.

Quizás muchos de los que viven en medio de la cautividad y no salen de ella es porque se victimizan, se quejan de lo que les pasa y piensan que la única vida disponible es la que están viviendo. Clamar y gemir es tomar fuerzas desde el interior para proponerse en el corazón ir por más, salir de ese estado y pasar a un espacio donde se pueda hacer y ser de otra manera. Clamar no es quejarse. Es poder, en medio de la cautividad, ser protagónicos de lo que sucederá.

La esclavitud física, emocional, relacional, laboral es una de las armas más poderosas del enemigo de todos los tiempos. El pueblo de Israel fue tomado cautivo luego de haber llegado a Egipto en libertad, y esta cautividad se fue determinando de a poco hasta que sus fuerzas estaban abatidas, su comida era magra y no alcanzaba, y su temor a represalias constantes por parte de sus amos los llevaban a someterse más y más. En medio de eso uno no tiene libertad, no tiene poder de decisión. No es un tema de cambiar las acciones. Hay que cambiar lo que estoy siendo antes que lo que estoy haciendo. Porque si no, estaré haciendo

> **HAY QUE CAMBIAR LO QUE ESTOY SIENDO ANTES QUE LO QUE ESTOY HACIENDO.**

nuevas cosas con viejas maneras. Es hora de clamar. Gemir. Arrodillarse y pedirle a Dios que te libre de todo tipo de esclavitud, de eso que por años te ha dominado.

Sea cual fuere la raíz de tu cautividad, la clave no es buscar encontrar tener nuevos frutos, sino sacar la raíz de una. Raíces de cautividad financiera no pueden traer frutos de prosperidad; raíces de emociones descontroladas no pueden traer frutos de relaciones sanas; no pueden raíces de descuido físico traer frutos de salud. **Saquemos la raíz de lo que nos tiene cautivos, y desde allí estaremos dando el primer paso hacia la tierra de abundancia.**

El ministerio de Jesús

Hay un relato en el libro de Lucas, capítulo 4, que nos habla acerca de la cautividad de una manera muy especial. Jesús, comenzado su ministerio, dice la Palabra que fue a un lugar, a la sinagoga, se sentó entre medio de ellos, abrió las escrituras y dijo: *"Hoy se ha cumplido esta Escritura delante de vosotros*".[14] No dice ayer, no dice mañana, y pensando desde el hoy, me preguntaba, ¿cuántas personas ese Shabath fueron a la sinagoga?

Jesús marcó en este momento algunos puntos específicos durante su ministerio en la tierra y decía: [15]

1. *"Dar buenas nuevas a los pobres…"*

2. *"Sanar a los quebrantados de corazón…"*

3. *"Pregonar libertad a los cautivos…"*

4. *"Y vista a los ciegos…"*

5. *"A poner en libertad a los oprimidos…"*

Si ustedes ven estos cinco puntos, hay cuatro de ellos que tienen el principio de lo que Jesús plantea y el resultado, pero uno de ellos tiene el principio, pero no asegura el resultado.

Dice:

1. *"Me ha enviado a sanar a los quebrantados de corazón".* Y es lo que Jesús hizo.

2. *"Y vista a los ciegos".* Y los ciegos fueron sanados por Jesús.

> **DE LA CAUTIVIDAD SE SALE ELIGIENDO, PROPONIÉNDOSELO EN EL CORAZÓN.**

3. *"A poner en libertad a los oprimidos".* ¿Qué es "oprimido"? Oprimido es aquel que tiene una opresión externa, una circunstancia externa, fuera de sí mismo, y lo presiona. Jesús actuaba y el oprimido era puesto en libertad.

---

14. Lucas 4:21.
15. Lucas 4:18.

4. Pero hay uno que dice: "...*pregonar libertad a los cautivos*". ¿Por qué dice esto? No dice liberar a los cautivos, sino pregonar libertad a los cautivos. ¿Qué significa esto? La diferencia de la opresión es que es de adentro para afuera, y lo que Jesús está haciendo es lo máximo que puede hacer sin romper las propias reglas de Dios, que es decirte: "Sal de la cautividad, ven que te estoy esperando, aquí tienes la mano para poder salir, tómate de mí, párate, levántate, y serás liberado". Pero no dice "a liberar..." porque la cautividad depende de uno.

Este pueblo de Israel estaba no solamente oprimido, sino en cautividad. La manera de salir de esta cautividad es proponiéndotelo en el corazón.

El ejemplo de Daniel

EL PRIMER PRINCIPIO PARA SALIR DE TIERRA DE ESCLAVITUD ES CLAMAR.

La manera de salir de la cautividad es proponértelo en tu corazón, no importa cuándo sea, no importa qué nombre tengas, no importa si te cambiaron la comida, no importa si estás preso, no importa cuál sea la cautividad, pero de la cautividad se sale eligiendo, proponiéndoselo en el corazón.

El vivir en tierra de esclavitud es vivir en una tierra sin principios, sin ley, sin gracia.

Muchos hoy viven esclavos de sus pasiones, de sus emociones, de su manejo financiero, de las circunstancias.

En **tierra de suficiencia** se vive bajo la ley de Dios.

Uno aprende a llevar adelante los principios y aplicarlos, se hacen hábito en nuestras vidas, forman parte de lo cotidiano, y uno ama el hacer su voluntad, come de ella de día y de noche. En **tierra de abundancia**, la plenitud y tener conciencia de ella vive bajo la gracia de Dios. Comprendo que el poder que Él me ha dado me hace quien estoy siendo y vivo más allá de la Ley y de la falta de ella. Vivo eligiendo que la mano de Dios me guíe en cada momento de mi vida y desde allí me relaciono con Él y con los otros.

El pueblo de Israel vivía cautivo en tierra de esclavitud. Lo primero que hicieron fue clamar. El primer principio para salir de tierra de esclavitud es clamar.

Tú sabes cuál es tu tierra de esclavitud, esa tierra donde estás cautivo, que te tiene atrapado, estás en prisión. Es ahí donde necesitas mucha oración. Clama porque sabes que cuando elijas clamar, el clamor de tu corazón va a llegar a lo profundo del corazón de Dios y cuando clames, Dios se va a encargar de enviar la solución. La solución, en el caso del pueblo de Israel, en este caso se llamó Moisés.[16] Moisés fue alguien que entendió el concepto de lo que es vivir amando tu tierra. Podría haber elegido vivir como hijo de faraón. Sin embargo, su llamamiento era otro. Dios se presentó y le dijo: "Quiero que liberes a mi pueblo". Su respuesta podría haber sido: "¿Qué culpa tengo yo de que ellos estén allí tomados prisioneros?".

Pero eligió responder al llamado.

Obedecer

El segundo principio para salir de la esclavitud es entender que hay que obedecer.

Obviamente el líder tiene un tercer punto que es ser responsable. Cuando me refiero a líder me refiero a aquellos que han sido llamados a liderar como mínimo su propia vida. La acción es clamar, la acción es obedecer,

---

16. Éxodo 2-33.

pero el principio involucrado es entender que somos responsables, tenemos la habilidad para responder por lo que sucede a nuestro alrededor.

EL SEGUNDO PRINCIPIO PARA SALIR DE LA ESCLAVITUD ES ENTENDER QUE HAY QUE OBEDECER.

Este pueblo obedeció al punto tal que Dios se reveló y se manifestó a través de Moisés, una y otra plaga, pero llegó la décima plaga en donde todo el pueblo estaba involucrado. Esta es una etapa donde juntos van a tener que crecer. En ese momento vino el hombre de Dios, el que eligió decir "yo soy responsable", y les dijo: "Señores, esta noche vamos a matar un cordero sin defecto, me dijo Dios, lo vamos a cocinar y lo vamos a comer. Nada tiene que quedar de él, y con la sangre vamos a pintar los dinteles de las puertas de nuestras casas". Dice la Biblia que cada uno de los judíos obedeció. No hay un solo registro que diga "y hubo uno que no quiso obedecer y hubo uno que le dio vergüenza pintar el dintel de su casa con sangre". Ellos obedecieron, todos obedecieron y no hay uno de sus hijos que haya muerto, pero sí los primogénitos de los egipcios.

Primer punto: clamar. Segundo punto: obedecer. Y el principio es entender que **de la esclavitud se sale siendo responsable.**

Se abrió el Mar Rojo y cruzaron de la tierra de esclavitud a la tierra de suficiencia.

Incapacidad sin Ley

Lo peor que sucede en tierra de esclavitud, en dominios de cautividad, es que te conviertes en un incapaz. No porque no tengas las fuerzas o las habilidades, sino porque siempre estás sujeto a lo que suceda afuera. Pareciera ser que cuando uno está cautivo, nada pasa conforme a tu propia elección, sino a las circunstancias.

Cuántas personas conocemos que viven de situación en situación, y a pesar de ser buenos cristianos no pueden salir de la esclavitud financiera, o de la cautividad emocional o de algún tipo de cautividad relacional.

Más adelante veremos que hay más tierras, más estados, más contextos. Pero cada uno tiene sus propias reglas. No se puede salir de la incapacidad con reglas de tierra de suficiencia o de tierra de abundancia (como luego vamos a ver). Hay que aplicar las reglas de la tierra de esclavitud.

Estirarse tiene sus reglas. Y el cumplirlas te permitirá llegar a lugares adonde hasta ahora jamás has llegado.

Muchos de los que salieron de diferentes grupos religiosos cerrados se encontraron que por años vivieron un mundo irreal, pero durante ese tiempo nada los hacía suponer que su vida no era la realidad.

> **ESTIRARSE TIENE SUS REGLAS. Y EL CUMPLIRLAS TE PERMITIRÁ LLEGAR A LUGARES ADONDE HASTA AHORA JAMÁS HAS LLEGADO.**

Los padres de aquel que había sido sanado, en vez de saltar de alegría, en vez de contarlo a los cuatro vientos, callaron. ¿Qué los hizo mantener esa mirada? Si eran expulsados de la sinagoga, eran expulsados de la vida misma. Nada sucedería más allá de sus relaciones, de sus contactos. Y el miedo y la falta de proponerse en su corazón salir de la cautividad para luego hallar gracia ante los ojos de Dios, los llevaron a mantenerse en ese sitio.

En el medio de la esclavitud la gracia de Dios es lo que nos permite mantenernos vivos, seguir existiendo. El adversario solo quiere matarnos, hurtarnos y destruirnos. Pero la gracia es lo que nos ayuda a caminar más allá de nuestras propias limitaciones.

Aunque estamos cautivos, la gracia de Dios está a la espera de que nos propongamos en el corazón salir.

En la esclavitud uno vive sin ley, sin reglas internas y mucho menos pudiendo recibir de la gracia de Dios; solo sujeto a las circunstancias tanto internas como externas que te generan una manera de ser que va viviendo en lo sensorial.

La zona de esclavitud trae consecuencias al punto que uno deja de ver. Cree que lo que vive es la realidad y que no hay otra opción posible. Hemos conocido a muchas personas que piensan que así es como es la vida, así es como es todo. Personas que entraron en modelos de adicción que los tienen cautivos y llegan a tener incapacidad para discernir.

¿Hay alguna área en tu vida donde estás esclavo, en donde estás cautivo? CLAMA con todo el corazón, arrodíllate, grita, haz lo que tengas que hacer porque tu vida vale, y Dios quiere sacarte de tierra de esclavitud y llevarte a tierra de suficiencia.

Convierte tu sufrimiento en oro

Al salir de la tierra de cautividad, Dios te está preparando para un nuevo nivel. Cuentan las escrituras que antes de que el pueblo de Israel saliera de Egipto, los egipcios les entregaron todo el oro que tenían. Aquellos que durante años habían hecho sufrir en demasía a grandes y chicos les entregaban oro puro y rebosante para que ellos brillaran en la partida.

Es hora de que aceptemos todo lo que nos pasó y que podamos aprender de nuestro pasado. Sea malo o muy malo el área de cautividad o sufrimiento en el que estuve, debemos sacarle el máximo aprendizaje.

Tenemos que convertir ese sufrimiento en oro, que todo lo que nos haya pasado, dado que se convirtió en mi tesoro más valioso para llegar al futuro, me haga brillar.

Que yo pueda caminar hacia la tierra de abundancia con el oro que me da mi pasado.

No es una opción que te lleve hacia la tierra que fluye leche y miel, si sales caminando mirando para atrás. O si tu caminar es con el sufrimiento o las heridas del pasado como joyas que llevas alrededor de tu cuello.

La manera de convertir el sufrimiento en oro es aprender de él. Ver todo lo que me ha enseñado para poder ir hacia mi futuro y ser quien elijo ser, convertirme en una posibilidad para otros y brillar.

LA MANERA DE CONVERTIR EL SUFRIMIENTO EN ORO ES APRENDER DE ÉL.

Se conoce de tantos hombres y mujeres que en algún momento de sus vidas tuvieron que lidiar con alguna enfermedad, o con algún pariente con dolencias o problemas de salud. Es tanto el sufrimiento, ver como el tiempo se detiene y no pasa, dado que el dolor siempre camina lento por las agujas de la vida, que cuando tienen que ir hacia el futuro se convierten en personas poderosas. ¿Qué los hace así? El haber aprendido del dolor, del sufrimiento, el haber sacado un aprendizaje que te hace más profundo, o más sensible. Y eso los hace brillar.

Podemos convertir nuestro pasado en un futuro promisorio si reinterpretamos los momentos difíciles, y les damos la opción que nos enseñen para un futuro de poder. Podemos caminar orgullosos con el oro en medio nuestro, si dejamos de pensar que me lo dio el egipcio, que me lo marcó en la vida el pasado, y empezamos a darnos cuenta que el mismo me hace diferente, me hace mejor persona, me hace brillar ante la adversidad, y en medio de ella me recuerda que no debo convertir el oro en un ídolo, sino solo usarlo para saber que tengo un futuro mejor hacia el que voy con gozo.

Sigue al libertador

El punto más importante en la tierra de esclavitud es que el clamor de sus hijos, que el proponerse en su corazón, que los momentos que vivían en la incapacidad y dependiendo de las circunstancias en medio del sufrimiento fue escuchado por Dios y les envió un libertador.

Moisés fue preparado por Dios para hacer que el pueblo de Israel, el pueblo elegido, pudiera salir de ese espacio e ingresar en una tierra de suficiencia para que luego pudiera llegar a la tierra prometida. Ese libertador es la respuesta de Dios ante la esclavitud, pero más aún ante el clamor, ante la confianza, ante la obediencia y ante el proponerse en el corazón salir de todo tipo de cautividad.

Moisés es una tipología de la salvación de Jesús para nuestras vidas.

Él ha sido enviado por Dios para librarnos de todo tipo de mal, de todo tipo de dolencia, de todo tipo de esclavitud, no importa cuál haya sido aquello que te tuvo como incapaz, o que te tuvo atrapado en los últimos años y que caíste constantemente. El libertador es el camino hacia una nueva tierra. Del mismo modo que Moisés hizo cruzar a miles y miles a través del Mar Rojo, y este se abrió para que sucediera, lo mismo puede suceder con aquello que te tiene cautivo.

Dios está dispuesto a abrir el Mar Rojo, a hacer los milagros necesarios, a sacar a los enemigos de tu alrededor, a que dejes de vivir en la pobreza y que la riqueza de los impíos pase a tus manos, a que puedas ver su poder manifestándose en tu vida, a que haya sanidad completa en todo tu ser.

Aquel día el pueblo de Israel se encontró con la última de las plagas que Dios enviaría sobre sus enemigos. En esta ellos ya no solo eran espectadores, sino también protagonistas. Debían matar al cordero, y rociar los dinteles de sus puertas con su sangre y comer de su carne. Esto los liberaría del destructor que pasaría y se llevaría las primicias, los primo-génitos, lo mejor que los egipcios tenían de su progenie.

Para esto debían confiar y entregarse por completo a la nueva manera que Dios les estaba planteando. "Ustedes eligen", les decía Dios, "pero su elección determinará que yo abra las ventanas de los cielos y derrame bendiciones sobre sus vidas. Su elección hará que sean cubiertos con la sangre del cordero y sus cuerpos sanados con su carne." En el mismo acto de obedecer, ellos comenzaron a salir de la esclavitud camino a la abundancia.

Exactamente sucede hoy con cada uno de aquellos que desean salir de la cautividad. Luego de clamar, de tomar conciencia que vivo en medio de la miseria y que hay algo mejor para mí en esa área de mi vida o en mi vida entera, luego de confiar y obedecer, Dios nos envía a Jesucristo como libertador de nuestras vidas. Si yo confieso con mi boca que Él es mi Se-ñor y creo en mi corazón que Dios le levantó de los muertos, seré salvo. Esta palabra "salvo" que figura en Romanos 10:9, significa "puesto aparte", "hecho completo". Y es exactamente lo que Dios hace contigo cuando te saca de la tierra de esclavitud.

Tú te propones en tu corazón salir, pero su gracia es quien te cruza el Mar Rojo.

Tú te propones en tu corazón confiar, pero es su sangre quien te limpia de todo pecado, de todo pasado, de toda esclavitud, y su carne entregada por ti te hace sano y limpio para ir al siguiente nivel.

Él es a quien Dios envió para librarte de tus enemigos, de tus limita-ciones, de tu tiempo de estar incapaz o pendiente de adicciones que te esclavizan, o sentimientos que viven mortificándote.

Él te da vida, y vida en abundancia.

Y luego de confiar en Él, su gracia te ayuda a cruzar al siguiente nivel.

Verás que las cosas comienzan a ser diferentes.

Y te encontrarás cada día con Dios cubriéndote con la nube de su esencia de día delante de ti, y la zarza ardiente de noche.

Él busca lo mejor para ti. No te quiere cautivo. No te quiere tomado por las emociones, por la historia, por el pasado, por las circunstancias, por las enfermedades, por todo aquello que te hacía creer que era la única manera posible de vivir, y que dependías de ella para sobrevivir.

Él te quiere caminando hacia la victoria. Y esa victoria comienza cuando ingresas en el siguiente nivel; cuando llegas a la tierra de suficiencia y permites que las nuevas reglas, los nuevos contextos, los espacios que Dios ha generado para ti comiencen a prepararte para entrar en tierra que fluye leche y miel, en la abundancia.

No saldrás de tierra de esclavitud para ingresar directamente a la tierra prometida, sino que caminarás por el camino de la suficiencia donde Él te preparará para llegar a la plenitud. ¿Estás listo? Deja que Jesús te guíe hacia el nuevo nivel.

Dejemos atrás todo tipo de esclavitud y cautividad, y comencemos a ir hacia nuevos lugares que nos permitan llegar a ser quien Dios nos llamó a ser y quien elegimos ser. Entremos en tierra de suficiencia.

5.4 Tierra de suficiencia - comienza el estiramiento

Al salir de tierra de esclavitud uno pasa directamente a tierra de suficiencia.

Estirarse no es salir de tierra de esclavitud e ir directamente a tierra prometida, sino pasar por el desierto. El no comprender esto es uno de los más graves problemas en los que podemos caer, que nos lleven directo nuevamente a tierra de esclavitud.

Algunos suponen que de la tierra de esclavitud uno caminará directamente hasta la tierra de abundancia, pero no es así. Necesitas llegar allí preparado, para no solamente entrar en ella, sino poder apreciarla, poder ver todo lo que la misma tiene para ti.

La tierra de plenitud no tiene que ver solo con llegar a un espacio, sino cómo yo llego.

El pueblo de Israel podría haber llegado en pocos días, si la cuestión para Dios fuera solo llegar. Pero se demoraron 40 años porque debían trabajar su ser interior para llegar al lugar que Dios había prometido desde adentro, con el corazón entregado.

Algunos cuando se encuentran con la abundancia entran en una histérica carrera de miedos. Está llena de gigantes, piensan, sin darse cuenta que la tierra de abundancia nace en mí y luego se refleja en el lugar. Dios ya nos la ha entregado.

Habla que los dos príncipes de los 12 estaban preparados en su corazón para entrar en tierra de abundancia. Pero 10 de ellos no. Dos vieron promesas. Diez vieron premisas. Y quedaron demorados en el tiempo, sin nunca llegar a la tierra de plenitud.[17]

> LA TIERRA DE ABUNDANCIA NACE EN MÍ Y LUEGO SE REFLEJA EN EL LUGAR.

Por eso Dios te invita primero a recorrer la tierra de suficiencia, estirarte. Sea la que sea la esclavitud de la que vengas, la cautividad que te haya tenido, el pasar por la tierra de suficiencia te permitirá no tener que volver nunca más allí.

---

17. Ver Números 13-14.

Cuando llegas a la tierra de suficiencia lo haces porque aceptaste, clamaste y gemiste, no te quejaste, fuiste protagonista en medio de la adversidad y no solo víctima.

Llegaste a la suficiencia porque te lo propusiste en el corazón y hallaste gracia ante los ojos de Dios; porque confiaste, obedeciste y seguiste al libertador. Y cuando llegó el momento de cruzar el Mar Rojo, ver el milagro, confiar en Él, lo hiciste y fuiste hacia tu futuro, dejando atrás tu pasado, convirtiendo tu desdicha en piedras preciosas, y todo tu sufrimiento en oro.

Al cruzar a la tierra de suficiencia Dios te asegura que nada te faltará. Durante toda la tierra uno camina seguro que no habrá justo desamparado ni persona que mendigue pan. Dios se encargará de eso. Él te asegura protección y comida durante todo el tiempo de desierto. Y qué imagen interesante que saldremos de la esclavitud para entrar en el desierto. Tomar este tiempo de prueba solo como tal, le quita la profundidad a la preparación que Dios hizo del pueblo de Israel.

En el lenguaje actual podemos hablar que este fue un tiempo de capacitación, de entrenamiento. ¡Pero qué manera más magnífica de empezar el mismo!

Dios mismo, no otro, iría de día y de noche delante del pueblo guiando sus pasos.

Dios está contigo de día y de noche

Y Jehová iba delante de ellos de día en una columna de nube para guiarlos por el camino, y de noche en una columna de fuego para alumbrarles, a fin de que anduviesen de día y de noche. Nunca se apartó de delante del pueblo la columna de nube de día, ni de noche la columna de fuego.[18]

---

18. Éxodo 13: 21-22.

Nunca se apartó de ellos la columna de nube de día, ni de noche la columna de fuego. Te puedo asegurar delante del Señor que cuando elijas salir de tierra de esclavitud Dios no se va a apartar de ti. Él va ir delante de ti, lo vas a poder ver, vas a poder vivir en su presencia; este es el corazón de Dios. Él quiere sacarte de la tierra de esclavitud y llevarte a la tierra de suficiencia.

EN TIERRA DE SUFICIENCIA EL PRIMER PRINCIPIO ES ADORAR.

En tierra de suficiencia debo aprender a ver el rostro del Señor en mi vida cotidiana. Por eso como el primer principio en la tierra de esclavitud es clamar, en tierra de suficiencia el primer principio es adorar.

Mucha adoración

Ya estás con Él, caminando hacia tu futuro y dejando que Él te guíe. Nada te falta y comienza un tiempo único en la historia de tu vida. Él mismo te va a entrenar. Estará contigo. Y tu función es adorar. Es vivir en su presencia, es reconocerle como tu Dios y reconocerte como su hijo. Solo Él puede sacarte de la tierra de esclavitud y no mentirte.

Algunos falsos libertadores te hacen creer que tú mismo puedes salir de cualquier clase de cautividad, sin la gracia de Dios o su poder. Y es probable que a simple vista salgas, pero seguro que no es más que un camino hacia otro Egipto.

Cuando soy yo quien lidera el proceso hacia la abundancia pasaré de Egipto en Egipto.

Porque el hombre no puede por sí mismo llegar a los lugares de bendición eterna.

Quizás por nuestras propias fuerzas lograremos algunos pequeños espacios de prosperidad que nos costará sostener, que se nos escaparán de las manos, o que cuando los tengamos no serán tan importantes como habíamos creído. Y el poder comenzar a reconocer esto en la tierra de suficiencia requiere de cada uno de nosotros tiempo de adoración.

Cuentan las escrituras que todas las mañanas, muy temprano, Moisés salía de su carpa.

EL HOMBRE NO PUEDE POR SÍ MISMO LLEGAR A LOS LUGARES DE BENDICIÓN ETERNA.

Todo el mundo se asomaba a ver y observaban al líder caminar hacia el mismo lugar donde Dios habitaba.

Al llegar a él, veían absortos cómo la nube misma de su presencia se posaba sobre la carpa del tabernáculo. Y en ese mismo momento todos adoraban. Probablemente algunos con el tiempo se acostumbraron a esto.

Pero otros cada día estaban más profundamente ligados con ese tabernáculo.

No porque lo tuvieran dentro de sus carpas, sino porque lo tenían dentro de sus corazones. Esto los ayudó a ir hacia el lugar que Dios les mostraba con un corazón entregado, en medio de la adoración.

En la tierra de suficiencia el principio es mucha adoración. Ahí es donde Dios elige vivir delante de ti.

Si salgo de la esclavitud y voy camino a convertirme en el señor de mi propia vida o pongo mis pensamientos por encima de Dios, me costará mucho llegar a tierra de plenitud. Sentiré un vacío como les sucedió a algunos en el desierto y empezaron a buscar otras formas de llenarse, sin darse cuenta que el Dios todopoderoso era el que iba delante de ellos. No cualquiera, no un sentimiento, no una idea, sino el mismísimo Dios se ocupaba personalmente de ellos.

Esto Él desea hacer contigo: que puedas prepararte para el tiempo que viene y que disfrutes de tu desierto porque Él pone maná cada día en tu mes, y de noche y de día Él va delante de ti.

En el terreno de la suficiencia Dios va ir delante de ti.

Vivir procesos de estiramiento y creer que pueden llevarse a cabo sin Dios delante en el día y detrás en la noche es ser un ingenuo del mundo en el que vivimos. Él es el que me ayuda a pasar por procesos de estiramiento y aprendizaje, y que estos no se conviertan en procesos de estrés y quebrantamiento.

Mientras que en la tierra de esclavitud tu principio es clamar y obedecer, en la tierra de suficiencia es importante entender la adoración, la obediencia y el clamor.

Es buscar constantemente la presencia del Señor. Observa en el libro de Éxodo 16:35 (NTV):

> *Y los israelitas comieron maná durante cuarenta años, hasta que llegaron a la tierra donde se establecerían. Comieron maná hasta que llegaron a la frontera de la tierra de Canaán.*

En la tierra de suficiencia Dios está dispuesto a suplir, no una vez, sino todos los días de tu vida.

Anímate. Elige pasar por estirarte y que este sea tu punto de partida. Busca confirmar, y prepárate para lo que viene desde el dejar que Él te guíe.

En tierra de suficiencia Dios te dice: "Todos los días va a llover maná del cielo. Lo que requiero de ti es la oración, que mires mi rostro; acción, que busques mi presencia en cada momento; y Yo me voy a encargar de que haya maná".

Cuando estás saliendo de cautividad y yendo a tierra prometida y por decisión propia pasas por espacios de estiramiento en donde Dios sea tu guía, Él se encargará de ti.

Recuerda que el maná es solo para un día. Algunos juntaban el maná por miedo a quedarse sin comer.

He visto a muchos que convirtieron un tiempo de estiramiento en un tiempo de "estresamiento". Empezaron a estirarse, pero les dio miedo el abismo, la incertidumbre, el caminar en el desierto, y buscaron dedicarse a juntar.

Cuando estás en el desierto, debes aplicar las reglas de desierto. Una de ellas es confiar en la suficiencia de Dios mientras tú creces en el área donde estás estirándote.

Los judíos en medio del desierto buscaron guardar maná. Pero el maná se pudrió.

En la tierra de suficiencia es tiempo de conocer el corazón de Dios, de vivir en su presencia, de relacionarte con tus hermanos, de entender que Él va a suplir cada día. No dice la Palabra que va a suplir para tres semanas, dice que va a suplir cada día. Todos los días el pueblo recibía maná del cielo.

En la tierra de suficiencia la clave es aplicar los principios que se les ordenaba, mientras que en la tierra de esclavitud no hay versículos que digan: hoy tienes que hacer esto o lo otro, porque Dios lo que escuchaba era el clamor de ellos.

Estirarse implica obedecer a las consignas de manera confiada. Cambiar la actitud mental que necesitaban los israelitas para pasar de la esclavitud a la tierra prometida requería una férrea confianza en el proceso de estiramiento.

Instrucción

En tierra de suficiencia Dios te prepara para lo que sigue, para que puedas caminar y saber elegir hacia dónde ir. Nadie puede llegar al lugar que no eligió ir, pero menos aún podrá llegar a aquello que no conoce.

Uno de los problemas más serios del tiempo de la cautividad es la incapacidad de poder manejarse por reglas.

Las circunstancias, las situaciones, las personas, las fuerzas espirituales, pero no tú o tu Dios llevan adelante tu diseño de futuro. Si esto pasa en algún área de tu vida es que estás viviendo en medio de la cautividad.

Sin embargo, en tiempo de suficiencia, Dios te da la ley. Ella busca que puedas tener un norte claro hacia donde ir y desde donde mirar. Si uno vive ciego es por no tener más claridad de conceptos que la incapacidad de la reacción a las circunstancias.

En estos tiempos son profundamente importantes la instrucción y la adoración.

> **LA OBEDIENCIA Y LA MEMORIA DEBEN IR CONTIGO CADA DÍA DE TU VIDA.**

En tierra de desierto te estiras, te preparas; es el tiempo de la Metanoia. Esta es la palabra que usa la Biblia en Hechos cuando Pedro les decía a aquellos que necesitaban ir por más. Y significa un cambio de actitud mental.

Para estirarse hay que pasar por el desierto. Y cuando este tiempo termine, entrar a la tierra prometida con mentalidad de tierra prometida.

Cambiar nuevamente las reglas. Pasar de suficiencia a productividad.

Y esto es lo que Dios le pide a Josué antes de llegar a la tierra prometida.[19]

---

19. Ver Deuteronomio 11.

Es la última instrucción que Dios le da a alguien que está por salir del desierto y entrar en una nueva categoría de relación con Dios. Nuevas tierras, nuevas reglas.

Primero, la obediencia y la memoria deben ir contigo cada día de tu vida.

El pacto al cruzar a la nueva tierra

Josué está terminando su tiempo de estiramiento y este era su último aprendizaje antes del próximo nivel.

Era el tiempo de la obediencia y la fe en acción.

Estaban cruzando hacia la tierra de bendición y Dios los invitaba a caminar erguidos hacia su nuevo futuro. Pero antes de comenzar un nuevo tiempo, debían hacer una obra especial.

Una vez que todo el pueblo terminó de cruzar el Jordán, el Señor le dijo a Josué:

> «*Ahora elige a doce hombres, uno de cada tribu. Diles: "Tomen doce piedras del medio del Jordán, del mismo lugar donde están parados los sacerdotes. Llévenlas al lugar donde van a acampar esta noche y amontónenlas allí"». Entonces Josué convocó a los doce hombres que había elegido, uno por cada tribu de Israel. Les dijo: «Vayan a la mitad del Jordán, frente al arca del Señor su Dios. Cada uno de ustedes debe tomar una piedra y cargarla al hombro; serán doce piedras en total, una por cada tribu de Israel.   Las usaremos para levantar un monumento conmemorativo. En el futuro, sus hijos les preguntarán: "¿Qué significan estas piedras?".Y ustedes podrán decirles: "Nos recuerdan que el río Jordán dejó de fluir cuando el arca del pacto del Señor cruzó por allí". Esas piedras quedarán como un recordatorio en el pueblo de Israel para siempre». Así que los hombres hicieron lo que Josué les había ordenado. Tomaron doce piedras del medio del*

río Jordán, una por cada tribu, tal como el Señor le había dicho a
Josué. Las llevaron al lugar donde acamparon esa noche y construye-
ron allí el monumento.[20]

Les dijo que fueran a la mitad del Jordán. Ese era el límite entre su pasado y su futuro. En medio del milagro de Dios, ellos debían regresar al Jordán y tomar piedras del medio del mismo. Una simbología donde Dios les invita a no olvidar de dónde fueron sacados, pero no quedarse allí, y que sirviera de aprendizaje para su futuro.

Hay personas que luego de ver los milagros de Dios en su vida, de ingresar en una nueva tierra de posibilidades, vuelven con sus mentes y corazones al pasado que dejaron.

Dios no desea que anules el pasado, sino que vuelvas hasta las puertas de él, tomes su carga, las piedras más pesadas y las lleves como un recuerdo a tu futuro. Pero es un recuerdo y pacto de agradecimiento de elevarle a Dios tu vida, de agradecerle por todo lo que Él está haciendo contigo.

Y dice, con una claridad magistral, que este acto conmemorativo era para cuando en un futuro preguntaran los hijos acerca del pasado, puedan ir al altar de agradecimiento a buscar el símbolo del pacto, y nunca olvidar que Dios abrió el mar para llevarte a una nueva tierra. Era ir hasta las puertas de tu pasado; no adentrarte en él.

Muchos fracasan en su futuro porque llevan las cargas de las piedras del ayer durante todo el viaje hacia una nueva tierra.

Y llegan pesados, desanimados o con la confianza baja. Es demasiado el peso que traemos de nuestro ayer. Sin embargo, pasar a la tierra de plenitud implica saber manejar

PASAR A LA TIERRA DE PLENITUD IMPLICA SABER MANEJAR TU AYER.

---

20. Josué 4:1-8 (NTV)

tu ayer. Que puedas estar orgulloso de sacarle aprendizaje a todo lo que te sucedió. Que puedas tomar cada piedra de aprendizaje y llevarlas al altar del agradecimiento, y que el mismo sirva de recuerdo en las puertas del mañana para bendecir los nuevos tiempos.

Hoy puede ser un buen día para detener tu marcha y hacer un pacto de agradecimiento con Dios. Toma las piedras del balance entre tu pasado y tu futuro, del medio de tu vida y cargadas. Haz un altar de agradecimiento. Arrodíllate y pídele al Padre celestial que te muestre más aún todas las veces que abrió el Jordán para ti. Y entrégale tu corazón. Permite a Él ser quien te guíe hacia el futuro.

En la mitad del Jordán se encontraba el Arca del Pacto todavía. Era la Palabra de Dios la que garantizaba pasado y futuro, y el acto de ir por esas piedras también debía estar bajo la garantía del Arca del Pacto.

Volver a tu pasado cuando estás entrando a una nueva tierra, o recordarlo sin balance, puede llevarte a fracasar en tus nuevos emprendimientos.

Necesitas ir al balance, al equilibrio entre tu ayer y tu mañana, y bajo la poderosa guardia de Dios y su Palabra.

La Palabra de Dios siempre estará en tu vida en medio del milagro, en medio de dos épocas, en medio de la acción de agradecimiento, en medio del pueblo que cruzaba hacia la plenitud.

El Arca del Pacto no era solo la palabra escrita, sino la presencia viviente de su Palabra.

Tierra de abundancia

En la tierra de suficiencia lo que Dios espera es que cumplas sus ordenanzas. Si Dios te dice "te arrodillas", te arrodillas. En tierra de suficiencia la relación con Dios es cumplir sus ordenanzas; es lo único que tienes que hacer.

Ahora, muchos se han quedado solo con la suficiencia y todo lo que Dios quiere para tu vida. No estoy diciendo que está mal la tierra de la suficiencia porque amén, saliste de la tierra de esclavitud, pero ¿este es el deseo final para tu vida? NO, nos hemos pasado años hablando solo de la tierra de suficiencia, y nos hemos convertido en otros dependientes. ¿Qué significa esto? Que cuando necesitamos bendición decimos: "Dios, ayúdanos"; que cuando queremos que sucedan cosas en nuestra vida decimos: "Dios, por favor, danos el maná". Entonces cada vez que necesitamos ir por más, necesitamos que Él lo haga, pero de la tierra de suficiencia el pueblo de Israel había sido invitado a pasar al tercer nivel, que es la tierra de prosperidad.

Mientras en la tierra de esclavitud el principio era mucha oración y en la tierra de suficiencia era mucha adoración, en la tierra de prosperidad el principio es mucha pasión.

Josué 1:2 dice: "*Mi siervo Moisés ha muerto*". Josué, por cuarenta años, fue el asistente de Moisés. Josué fue la persona que mientras el pueblo de Israel estaba haciendo un ídolo pagano, él estaba debajo del

EN LA TIERRA DE PROSPERIDAD EL PRINCIPIO ES MUCHA PASIÓN.

monte esperando a su maestro. Josué fue uno de los doce, pero junto con Caleb, los dos únicos que cuando volvieron de la tierra prometida dijeron "Dios nos la prometió, vayamos", mientras los otros diez lo único que hicieron fue describir sus miedos, lo que veían, las circunstancias. No generaron una nueva realidad.

Este Josué había vivido bajo los pies de Moisés muchos años y, sin embargo, llegó un momento que a pesar de haber pasado la tierra de esclavitud y haber vivido en tierra de suficiencia, Dios le dijo: "Moisés ha muerto".

Es como si Dios hoy te estuviera diciendo: "Yo te saqué de la esclavitud. ¿Te acuerdas? ¿Te acuerdas cuando te convertiste? Yo te vi todos los días de tu vida, nunca te faltó la comida en la mesa. Bueno, sabes que todo eso ha muerto. Quiero que vayas a un nuevo nivel. Te estoy llamando a más".

Le dijo: *"Mi siervo Moisés ha muerto; ahora, pues, levántate y pasa este Jordán, tú y todo este pueblo, a la tierra que yo les doy a los hijos de Israel"*.[21] Este pueblo necesitó cuarenta años para entender que Dios los había llamado solo a la tierra de suficiencia, cuando Dios tiempo atrás les había dicho: "Pasen, accionen, tengan pasión, es de ustedes". Ellos le contestaron: "Ocúpate tú, Dios, pásanos, a los gigantes del otro lado mátalos tú, las batallas que hay que pelear peléalas tú, a nosotros nos gusta que todos los días nos des maná. Yo con tener comida en mi mesa ya estoy".[22]

Ojo, si con esto te conformas, amén, pero no te quejes porque no hay más que comida en tu mesa, porque este pueblo se quejaba de que no tenía prosperidad. Sin embargo, le decían a Dios: "Danos tú". Y para pasar a tierra de prosperidad lo primero que Dios dice es "Levántate"; no dice "Te levantaré".

Levántate y pasa este Jordán, tú y todo este pueblo, a la tierra que yo les doy a los hijos de Israel. Yo os he entregado, como lo había dicho a Moisés, todo lugar que pisare la planta de vuestro pie.[23]

Josué recibe nuevamente la promesa. La diferencia es que él la hace propia.

Mientras que en la tierra de suficiencia hay que cumplir con los propósitos y las ordenanzas, en la tierra de prosperidad hay que tener claridad de propósito, hay que tener una acción diligente, hay que tener pasión por tu pueblo, hay que elegir ir por más.

---

21. Josué 1:2.
22. Números 11:4-6, paráfrasis del autor.
23. Josué 1: 1-3.

Desde el desierto y el Líbano hasta el gran río Éufrates, toda la tierra de los heteos hasta el gran mar donde se pone el sol, será vuestro territorio. Nadie te podrá hacer frente en todos los días de tu vida; como estuve con Moisés, estaré contigo; no te dejaré, ni te desampararé.[24]

Es tiempo que entendamos que la tierra de prosperidad no es tierra para simplemente describir, sino es tierra para generar. Ellos debían crear la nueva realidad a la que habían sido llamados.

Si estás en tierra de esclavitud, Dios te invita a que pases a tierra de suficiencia. Si estás en tierra de suficiencia, te invita a que elijas ir por el espacio de productividad que Dios diseñó para ti en la tierra prometida.

Otro de los grandes problemas que tienen los cristianos es que de tierra de esclavitud quieren ir derecho directamente a la tierra de prosperidad y Dios te dice: "Si estás en tierra de esclavitud pasa

> **VISIÓN NO ES UN PUNTO DE LLEGADA; ES UN PUNTO DE PARTIDA.**

a tierra de suficiencia; si estuviste en esclavitud en algún área, dedícale tiempo a la adoración, dedícale tiempo a las escrituras, dedícale tiempo a cumplir mi Palabra". Y si en esa área ya estás teniendo suficiencia, hoy el Señor te dice: "Es hora de que pases a la tierra prometida, es hora de que entiendas que nadie te podrá hacer frente, es hora de que elijas empezar a crear, empezar a generar, tener una visión muy poderosa".

No le dijo a Josué algo fácil. Le dijo algo que era de tamaño Dios, que solo con Dios se podía cumplir.

Cuando la visión está delante de nosotros, tiene que ser muy grande, muy grande. Cuando tú dices, por ejemplo, voy a pasar a tierra de prosperidad, y tierra de prosperidad es, "me voy a comprar el carro del año", ¿esto es imposible? "Me voy a comprar la casa, esa casa en donde vivo de hoy

---

24. Josué 1: 4-5.

en adelante", es tierra de prosperidad. "Me voy a comprar la casa aunque sé que solo no lo puedo hacer, pero sé también que Dios me dice que me la ha entregado y me la entregó, y voy por ella", es tierra de prosperidad.

Cuando voy por mi visión empiezo a vivirla.

Visión no es un punto de llegada; es un punto de partida.

Cuando Josué sale, va a la tierra que ya conquistó. Sale a la tierra que Dios ya le ha entregado. No dice en el versículo 3 "se las voy a entregar". Dios dice: *"Yo os he entregado".*

La visión se empieza a declarar, se empieza a vivir en un presente.

> LA VISIÓN SE EMPIEZA A DECLARAR, SE EMPIEZA A VIVIR EN UN PRESENTE.

Es aquello que Dios te invita a conocer. Es difícil, lo sé. Si es fácil no me lo cuentes. Lo difícil, ¿qué es?

Hace muchos años que nadie te ama y cerrando tus ojos dices: "Yo quiero tener una familia, un hombre que me ame, una mujer que me abrace, ¿es imposible?". Si estás en tierra de esclavitud, para llegar a tierra de prosperidad primero, ¿por dónde tienes que pasar, por la tierra de suficiencia? Entonces si estoy en esclavitud empiezo a adorarle a Él, empiezo a cumplir su Palabra, empiezo a ver cómo Él suple cada área de mi vida. ¿Y después qué hago?

Voy por la tierra que Él me dio y cuando elijo ir por la tierra que Él me dio, voy por lo imposible. Ahora sí ya estás en tierra de suficiencia. Comienza a adorarlo.

Hoy Dios nos ha llamado a vivir en una tierra de prosperidad.

Tenemos muchas personas preocupadas por las diferentes situaciones difíciles que atraviesa el hombre. ¿Por qué no ir y cruzar a colonizar la tierra, y convertir este lugar en el primer lugar santo de toda la nación?

¡Vamos a construir futuro! Vamos a ver cómo lo ponemos en el lenguaje, vamos a ir hacia quien elegimos ser. Vamos a ver otras partes de la Palabra donde Dios nos da partes y maneras para poder construir, y que las llaves del Reino que nos dio, que la autoridad que nos dio, sea una posibilidad para nosotros.

Tal vez es imposible, pero Dios te dice: "Yo ya te lo he entregado, solo necesito que seas valiente, que cruces, que elijas, que vayas a la tierra de prosperidad".

En Mateo 26 hay un maravilloso proceso donde están los tres estados juntos. Donde te bendice cuando estás cautivo, donde te estira y te entrena en suficiencia, y donde te da en el espacio de prosperidad.

Jesús que está viniendo, que es la esperanza que la gran mayoría ha perdido, que se han convertido en personas con incertidumbre y no con certidumbre, que no tienen amor ni fe, porque no hay una esperanza que energice, este mismo Jesús les dijo claramente cómo iba a relacionarse con nosotros. Y nos llamó **su cuerpo** y dijo que iba a llegar el momento en que Él iba a ser la cabeza del cuerpo. Hoy lo es. No una cabeza histórica, sino una cabeza presente en el mundo espiritual.

> *Y mientras comían, tomó Jesús el pan, y bendijo, y lo partió, y dio a sus discípulos, y dijo: Tomad, comed; esto es mi cuerpo. Y tomando la copa, y habiendo dado gracias, les dio, diciendo: Bebed de ella todos.* [25]

Uno de los problemas de muchos cristianos es que creen que **el mundo espiritual** es solo **el mundo físico** en sombras. Mientras que la verdad es que el mundo físico es la sombra del mundo espiritual; que el mundo espiritual está por encima de todo. Y que Dios te ha dado herramientas espirituales. ¡Nada puede contra nosotros, nadie puede contra nosotros! No importa tu situación de pasado.

---

25. Mateo 26: 26-27.

Dios está eligiendo energizarnos y llevarnos a una nueva dimensión para que seamos testimonio de su gloria, para que su poder se derrame y para que haya bendición en nuestras familias. Y nos trata de este modo, como su cuerpo, y hay varios momentos en los que Él lo muestra con ejemplos concretos.

¿Cuál es el corazón que Él tiene con nosotros, cómo se va a relacionar con nosotros?

En Mateo 26 en el versículo 26 dice: *"y mientras comían, tomó Jesús pan y bendigo y lo partió y dio a sus discípulos y dijo: tomad, comed esto es mi cuerpo".* Todos conocen el momento de la **Santa Cena**, sabemos que es el momento en donde Él nos plantea que tengamos memoria de Él. Pero es más que eso. Acá nos dice exactamente cuál es su relación con su cuerpo. Cada uno de nosotros somos **el cuerpo de Cristo**, y nos llamó a ser su cuerpo. Y **¿cuál es el corazón del Señor para contigo?** Dice que lo primero que hizo Jesús fue: tomó el pan y lo bendijo, y lo partió y lo dio. **Este es el corazón para cada uno de sus hijos**, para cada uno de nosotros.

¿Qué es lo que Dios desea de ti? Bendecirte. No dudes en pedirle lo que necesitas, deja de pensar en lo que no tienes, mira hacia adelante al Jesús resucitado, al que está vivo y sentado a la diestra de Dios. **¡Mira hacia adelante con el poder que te ha dado!** ¡Él quiere bendecirte! ¡Bendecir tu familia! Quizás miras hacia atrás y no ves bendición, **pero tú tienes más futuro que pasado.** Deja de pensar qué te trajo hasta acá.

Aprende de tu pasado, pero porque tienes futuro. Los que tienen futuro aprenden del pasado. Los que no tienen **futuro**, el pasado los aplasta. Por eso hay muchos con los pies acá y su corazón en su tierra de origen. Porque no han elegido **diseñar futuro**.

No se puede diseñar futuro con tu ayer. Él te quiere dar cosas nuevas en tu mañana, pero tienes que **entregar tu pasado**. ¿Sabes lo que Él te promete? ¡Bendecirte! *"Lo bendijo"*, dice. Lo segundo que hace Dios con su cuerpo es: *"lo partió"*. Aquellos que no estén dispuestos a ser **entrenados**, aquellos que no estén dispuestos a ser partidos no podrán ver la grandeza de Dios.

Tú no estás acá para conocer cosas nuevas. El Señor te trajo acá para partirte. ¿En qué te tiene que quebrar? **¿En qué te tiene que partir?** Quiere lo mejor de ti, quiere bendecirte, quiere hablarle a este pueblo desde tus ojos, a través de tu casa, a través de tu ejemplo. No importa los límites que hayamos traído hasta hoy. **Dios no tiene límites**, ni de leyes ni de papeles ni de problemas, ni de nada. Y si en este mismo momento, Dios tuviera que tocar el corazón de la corte, en este mismo instante lo va a hacer. Pero antes **necesita un pueblo clamando, un pueblo preparado, un pueblo dispuesto, un pueblo que se ponga de pie.** No solo un necesitado que se ponga de pie, sino un pueblo entregado. Si mi hermano tiene un problema de papeles, yo tengo un problema de papeles; si mi hermano está en necesidad, yo estoy en necesidad **porque el amor de unos por otros ¿de dónde proviene? ¡De la esperanza!**

El Señor está viniendo. Él viene por los documentados y los indocumentados, viene por las mujeres y por los hombres, viene por los griegos y por los judíos, viene por todos nosotros, y nos va a levantar, y por eso necesita un pueblo que esté dispuesto a ser partido, estirado, entrenado. Que este sea tu punto de partida.

Amados hermanos, este es un tiempo especial para salir de la esclavitud, para ser responsable. Dios nos ha llamado a salir de tierra de esclavitud, pasar la tierra de suficiencia y llegar a tierra de prosperidad.

Estirarse forma parte del plan de Dios. Que tu punto de partida incluya tus tiempos de desierto, de preparación, de saber las diferentes reglas existentes entre tierra de esclavitud, tierra de suficiencia y tierra prometida.

Este es nuestro tiempo para crecer conforme al modelo de Dios, y si este es tu punto de partida, la bendición de Dios se derramará sobre tu vida de manera extraordinaria.

PARTE III

DISFRUTA

EMPODERAR - ESTAR BIEN

EMPODERAR

6.1 Empoderamiento y acontabilidad[26]

El punto de partida como un estilo de vida y no solo como un punto de comienzo que va a la lucha contra circunstancias inciertas, requiere que uno pueda tener convicción preparada; que pueda abrir conversaciones desde el modelo que Dios plantea en Génesis 1.3; que mida los tiempos por momentos y no por instantes; que pueda comprender el mundo en el que vive. Y como debes tener accesos poderosos y no solo acciones poderosas, debes comenzar desde el principio, sabiendo relacionarte con la adversidad; aprender y amar estirarte y salir de toda área de cautiverio; poder llegar a tierra de prosperidad pasando por los desiertos necesarios, eligiendo aplicar las reglas de cada estado con sabiduría; y salir a la vida con poder.

---

26. Nota Editorial: "Acontabilidad" no es una palabra aceptada por la Real Academia de la Lengua Española. Es una referencia a la palabra en inglés "Accountability", con igual significado. Sin embargo, constituye parte del léxico de "coaching" acuñado, reconocido y utilizado oficialmente a nivel mundial por Métodocc, una marca registrada.

Poder lo definimos como capacidad de acción efectiva. No solo tener capacidad, sino que la misma pueda ser puesta en acción y que esa acción tenga mediciones de efectividad.

Estaba entrenando un líder de la comunidad. Él llevaba adelante una ciudad de 700000 personas y un presupuesto importante. Necesitaba lograr resultados, pero sabía que con las herramientas y el modo que lo hacía no estaba alcanzando.

En el comienzo de nuestros tiempos de sesión decidimos dividir el tiempo en 3. Tiempo para gobernar, tiempo para atender y tiempo para empoderar.

Sabíamos que si su equipo no llegaba a cubrir parte de su trabajo, él seguiría haciéndolo todo. Y nos comprometimos a eso. Durante meses trabajamos con su equipo más cercano para empoderarles. No era solamente que supieran. Todos ellos sabían. Eran personas muy capaces. Tampoco que aplicaran lo que sabían. Hacían un constante esfuerzo en aplicar y estar presentes en cada tarea que su líder les encomendaba. Pero les faltaba algo más: lograr tener la capacidad de acción efectiva en cada cosa que hicieran, lograr tener el poder, lograr que su nivel de entendimiento de cada cuestión fuera más que importante para el desarrollo de su accionar.

Los procesos de empoderamiento nos llevaron al siguiente lugar. Y los resultados comenzaron a aparecer exponencialmente.

Empoderar a alguien está en un nivel de profundidad mayor que darle conocimiento.

En el conocimiento, solo debemos evaluar que sepa; en el empoderamiento, que se haya transferido entendimiento de una manera de ser.

El punto de partida debe ser un compromiso a saber, a aplicar, pero más aún a entender.

El entendimiento tiene que ver con lo que vemos, no solo con lo que sabemos. Por eso empoderar es poder incorporar distinciones que te permitan ir hacia nuevos lugares y mirar con una mayor profundidad.

Recuerda el caso de Pedro cuando conoció a Jesús como relata en Lucas 4.

Dice que el mismísimo Jesús fue esa noche a su casa, hizo milagros y maravillas, sanó a su suegra, se quedó a comer con ellos. Y él, a pesar de tener tanta bendición, eligió volver a su vieja vida. Y se fue a pescar a medianoche.

> **EL PUNTO DE PARTIDA DEBE SER UN COMPROMISO A SABER, A APLICAR, PERO MÁS AÚN A ENTENDER.**

A la mañana siguiente se volvió a encontrar con el Señor. Él no había pescado nada en toda la noche y estaba haciendo tiempo con otros allí lavando las redes.

Jesús le pidió su barca y desde allí le enseñaba a la multitud. Convirtió el símbolo del fracaso de Pedro en un altar desde el cual predicar la Palabra. Y luego le dijo: *"Boga mar adentro"*.[27] En las profundidades estaba la revelación de un nuevo tiempo.

Y Pedro tuvo su gran nueva oportunidad. Jesús le dice: *"Echad vuestras redes"*.[28] Él podría haber confiado, sin embargo le dijo: *"Mas en tu palabra, echaré la red"*.[29] Él creyó que conocía de pesca más que Jesús, y que su conocimiento le servía para diseñar su futuro. Sin embargo, Jesús lo llevaba no solo a conocer, sino también a entender. Habrá bendición extra para ti en las profundidades. Y las redes se rompían.

---

27. Lucas 5:4.
28. Ibid.
29. Lucas 5.5.

Él pudo ver más y confiar de manera especial en lo que Dios tenía para su vida. Y desde allí en adelante se dedicó a vivir en su presencia.

Cuando sales hacia un nuevo tiempo no solo debes buscar saber más, sino poder llegar a estar empoderado, tener el entendimiento profundo de lo que estás haciendo o de donde estás caminando para poder vivirlo y sostenerlo.

Para eso debemos preguntarnos qué nos falta.

Hemos visto a miles que tienen claro hacia dónde quieren ir, pero no se preparan adecuadamente para llegar a eso.

Este es tu tiempo para formar parte de los empoderados y que este sea tu punto de partida.

Empoderamiento

NO SE PUEDE LOGRAR FUTURO CON MIRADA DE PASADO.

Saber más ya te diste cuenta que no alcanza.

Necesitas poder salir a una vida tan difícil con más herramientas que solamente teniendo un buen diagnóstico. La Internet está llena de conocimiento y no por eso las personas pueden lograrlo.

El saber es una excelente plataforma para hacerlo, pero ya no alcanza. Por eso es que muchos han buscado ir por entrenamiento aplicado.

¡Pero no necesitas impacto o motivación! Necesitas **empoderamiento**.

No buscamos impactarte, no hay avivamiento si la llama de tu interior no se aviva. Si el poder de Dios dentro de ti no se aviva. Si **la plenitud de Dios** en ti no se aviva.

Capacitación y aplicación sin entendimiento no alcanzan. Por eso debemos ir en busca de entender. Que el poder quede en ustedes.

Cuando uno elige avanzar, debes elegir adónde ir. **Nadie puede llegar al lugar que no eligió ir.**

Nadie puede ir con las mismas maneras, no se pueden lograr nuevos resultados con viejas formas.

No se puede lograr **futuro** con mirada de pasado. ¡Este es tu nuevo tiempo!

Las personas tienen que ver el poder en ti.

Mientras que en el conocimiento el poder está en el saber, y en el mentoreo en la experiencia del mentor, en el empoderamiento el poder se transfiere y debe quedar en la persona.

Ya no es solo saber más o motivar más, sino ver más. Y no solo se sabe o se aplica, sino que además se entiende.

Empoderado es que tiene la capacidad de acción efectiva, que ve más, que el poder le fue transferido y queda en él, y que no solo sabe de lo que hace, sino que también

EN EL EMPODERAMIENTO EL PODER SE TRANSFIERE.

entiende. Camina y lo hace seguro porque es sus convicciones y las manifiesta paso a paso.

Los líderes cristianos especialmente debemos comprender que para poder lograrlo en este mundo, no debemos ser solo personas con principios, sino líderes comprometidos con tener la capacidad de acción efectiva y que nuestro andar hable por nosotros.

Ya las personas no van a leer tu Biblia, ni siquiera a escuchar tus palabras, sino van a mirar tu corazón. Tu equipo estará preparado a ir hacia adelante cuando tú seas un puente, no un puerto.

La nueva dimensión

Para vivir en el entendimiento de los nuevos tiempos y viendo más, debemos también tener la corporalidad de este nivel. Y la misma es la que Jesús nos enseñó. Brazos extendidos y manos abiertas.

Hay algunos que no están pudiendo ser empoderados porque andan con la manito cerrada tratando de "tenerlo todo". Puño cerrado para ir por la vida, buscando luchar y mantener todo lo poco que tengo dentro de ese puño.

Pero **el nuevo modelo** de este tiempo, la nueva dimensión del acceso es: **mano abierta. La mano abierta es la primera que se llena.**

Cuando estoy entendiendo que ya no importa "tener", sino "acceder", empiezo a preguntarme **¿dónde están las puertas, donde están las llaves?** para poder ver más, para poder ser mejor, para poder relacionarme más poderosamente, para poder lograrlo como hasta ahora no lo logré.

> **MANO ABIERTA Y BRAZOS EXTENDIDOS ES LA CORPORALIDAD DE PUNTO DE PARTIDA.**

Y mano abierta y brazos extendidos es la corporalidad de punto de partida.

Es una invocación al afuera a decir, "estoy listo", "hacia allá voy", eligiendo ser una posibilidad para ti en cada cosa que hagamos. Sé que estoy exponiendo mis partes íntimas, mi corazón, pero elijo hacerlo igual, elijo correr el riesgo.

Prefiero abrir mis brazos como modelo de relación con el otro y como comienzo de un abrazo, que puño cerrado y brazos doblados que es el símbolo de que nada ni nadie puedan contra mí o entrar en mí.

Que tengas la capacidad de acción efectiva y la corporalidad de brazos extendidos y manos abiertas te permitirá comenzar a entender profundamente. Y este es tu punto de partida.

Empoderamiento y acontabilidad

Para tomar este tiempo como un punto de partida debo hacerlo desde el empoderamiento y la acontabilidad (favor ver nota en la página 137).

Acontabilidad es un término que no existe en español. Viene de la palabra en inglés "accountable". ¡Qué interesante que ni siquiera está en el lenguaje! Y recuerda que lo que no está en tu lenguaje no existe.

Para nosotros responsabilidad es quien tiene el crédito o quien tiene la culpa. En nuestra cultura hispana parece que es mejor ver quién tiene el crédito o la culpa de algo, que quién tiene la habilidad para responder por algo; no quién se hace cargo y dará cuentas. Acontabilidad es la habilidad para responder haciéndome cargo, haciéndome responsable.

El empoderamiento requiere un acto de responsabilidad de quien es empoderado. De hacerse cargo y responsable, inclusive de sus espacios de crecimiento.

Acontable es alguien que elige aprender del proceso; que busca en cada momento tener la habilidad para responder en cada situación, que no se fija en quién es culpable de algo, sino en qué más se puede hacer. Es aquel que no es tan solo un solucionador de problemas, sino un ampliador de superficies.

Cuando escribí mi libro *Las enseñanzas de La Biblia para tener éxito en la vida*, hablaba de que la angustia es un término que significa estar parado en una baldosa; tener el terreno estrecho.

Aquellos que solo hacen lo que deben, y no lo que se requiere, viven procesos de angustia por tener sus terrenos estrechos. Pero al hacernos acontables, comenzamos no solo a solucionar problemas, sino a poner un énfasis mayor en ampliar nuestras propias superficies.

Empoderamiento es tener el poder, la capacidad de acción efectiva para lograrlo, y acontabilidad es hacerme cargo responsablemente de que las cosas sucedan.

Hoy las personas están en la categoría de saber y de culpar, no de empoderar y ser acontables.

Por eso para salir de espacios de estrés y poder estirarte, para poder ser una posibilidad y que tu punto de partida constante sean tus principios, debes estar empoderado y hacerte cargo de tus responsabilidades.

Cuando en el camino de profundizar y ser entendido de los tiempos te vas dando cuenta de qué te falta, o piensas que con lo que tienes ya te alcanza, es cuando pierdes la posibilidad de hacerte cargo y responsable de tu proceso.

¿Cómo llegamos a generar influencia?

Desde que comenzamos con Métodocc nos planteamos un desafío. Éramos cristianos que deseábamos transformar el mundo y también generar procesos de transformación en medio de los cristianos.

Muchos de los cristianos nobles que iban por la vida defendiendo sus principios no tenían las herramientas para estos nuevos tiempos. Habíamos cambiado la búsqueda de la verdad que nuestros antepasados llevaron como estandarte a defender una interpretación fija de la vida.

Éramos cristianos que teníamos respuestas para preguntas que ya nadie nos hacía.

Veíamos además a muchos cristianos ser poderosos en el sufrimiento, pero débiles en posiciones de poder. Y logrando llevar adelante equipos con autoridad, pero no con liderazgo. Cerrados en esquemas fijos, que no se movían de sus pasados y que alzaban las tradiciones como muros que los separaba de quienes deseaban llegar.

Así vemos a muchos influyentes que no lograban encajar con este modelo de cristianismo que emergía; que alguna vez habían pasado por tener corazones entregados a Cristo y que Jesús era Señor en sus vidas, pero con el tiempo, las ocupaciones y la falta de contextos cristianos poderosos perdían el calor de antaño y dedicaban su tiempo a sus emprendimientos personales y no a ser un reflejo de la gloria del Señor.

Así fue como elegimos que Métodocc fuera una opción.

Una organización con un fuerte compromiso a que la Palabra de Dios brille en el corazón de las personas, y que así mismo los influyentes pudieran volver a enamorarse de ser un ferviente seguidor de Cristo.

Y allí surgió nuestro lema:

"Hagamos a los cristianos personas influyentes y a los influyentes, cristianos".

Era un gran desafío… Pero años después llegamos a lograrlo.

Tenemos en lo profundo de eso que estamos haciendo, ese **corazón** constante con el que nos levantamos cada mañana y nos acostamos cada noche, que es servir a nuestro Señor y que más y más personas puedan estar y sentarse a los pies de Cristo.

6.2. ¿Cómo elegir el futuro?

En el libro de 2 Corintios 4:4 dice: *"en los cuales el dios de este siglo cegó el entendimiento de los incrédulos, para que no les resplandezca la luz del evangelio de la gloria de Cristo, el cual es la imagen de Dios".*

No está hablando de los incrédulos del mundo, está hablando de **incrédulos cristianos.**

La palabra que usa ahí para "incrédulos" es la palabra *"apeitheia".*

Hay dos palabras para **incredulidad** en la Biblia: una es *apistía*, que significa aquellos que no han creído porque no han oído lo suficiente; y, otra es *"apeitheia"* que es aquellos que han rehusado creer a pesar de haber oído. Cuando dice "el dios de este siglo" está hablando del diablo, está hablando de aquel que tuvo y que tiene potestad que le fue entregada en su momento por Adán. Por eso lo llama: *"el dios de este siglo".* Y lo que está diciendo es que, en estos tiempos - los últimos tiempos- muchos cristianos no tienen problema con lo que saben; van a tener problema con lo que ven o con lo que no ven.

La bendición de Dios está alrededor nuestro, esta ciudad es nuestra, los colegios son nuestros, las escuelas son nuestras, nuestros hijos son nuestros y sus amigos son nuestros. **¡Dios nos entregó esta tierra para producirla, para bendecirla!**

> ## EL DISEÑO DE FUTURO ESTÁ EN EL SER.

No hay pacto del enemigo que pueda contra las raíces de esta tierra. Fue generada y desarrollada por hombres y mujeres que amaban a Dios, y entregaron esta tierra a Dios. ¡Esta tierra es de Dios! Cada uno de nosotros fuimos traídos hasta este lugar, o vivimos en este lugar para bendecir esta tierra, para tener la mano abierta, para vivir en la entrega, para mostrar los nuevos accesos, para ayudar a toda la vecindad a disfrutar de la vida. Cuando esto no sucede, es porque tenemos personas pensando en "tener" y no en "acceder". Porque tenemos **las llaves del Reino** guardadas en el bolsillo, porque les estamos dando poder a las circunstancias y no a las convicciones. Es porque estamos más **comprometidos** con lo que nos pasa, que con lo que Dios quiere que nos pase.

Pero ¡hoy es un día maravilloso para nosotros! en el que **nos ha traído aquí para diseñar un futuro diferente.**

El **diseño de futuro** no está ni en el "tener" ni en el "hacer". El diseño de futuro **está en el ser.**

¿Dónde vive el **futuro?**, ¿Qué es el futuro? El futuro es una conversación.

El futuro es una conversación de posibilidad.

El futuro vive en nuestro lenguaje.

¿De qué hablas todo el día, dónde tienes tu lenguaje? ¿Eres de los que se pasa el día hablando del ayer?

¿Tu **conversación** te lleva cotidianamente a tu ayer? ¿O tu conversación te lleva al mañana? ¿De qué hablas todo el día en tu casa? ¿Eres de los que se levantan en la mañana y leen el diario de su vida de ayer? ¿O lee las noticias de su día de mañana? ¿Eres de los que se juntan solo con los que la pasaron mal ayer, o eres de los que están dispuestos a construir un nuevo tiempo mañana?

Dios te trajo hasta aquí para que diseñes futuro, pero te dio un privilegio extra: no te trajo solo. Nos trajo a todos nosotros para entrenarnos, para prepararnos, para tener conversaciones de posibilidad. **El futuro es una conversación.**

Si estás en el punto en que todavía no tienes la capacidad, empieza a comprometerte con un futuro poderoso y empieza a ver qué es lo que te falta, totalmente confiado que Dios va a suplir todo lo que te falte.

Momentos difíciles en la historia de la humanidad hubo muchas veces.

Nosotros creemos que vivimos un momento difícil, ¡pero peor los que vivían en la época del Imperio!

Sin embargo, habla la Palabra que estaban los de Colosas. Pablo le escribe a los Colosenses y en el capítulo 1 dice dos cosas poderosas de ellos: imagínate que estuviera hablando de ti.

Una iglesia montada en el centro de poder, que eligió ser una iglesia empoderada, no solo una iglesia de impacto, sino una iglesia empoderada en la que cada uno de sus miembros son testimonio de la grandeza de Dios, donde cada uno de nosotros abrimos nuestras casas para bendecir, en donde cada uno de nosotros elegimos que la bendición de Dios se derrame sobre nosotros, sobre nuestros vecinos, sobre nuestros hijos. Lo mismo pasaba con los Colosenses y Pablo se los dice en el capítulo 1, versículo 4: *"habiendo oído de vuestra fe en Cristo Jesús y del amor que tenéis a todos los santos".*

Suponte que tuviéramos que definir en dos frases: ¿qué es lo que pretendemos de nuestras vidas? Probablemente tomaríamos estos versículos.

¿A quién le gustaría tener una **fe poderosa:** que su casa sea conocida como una casa de fe, que sus hijos sean conocidos como hijos de fe, que te alcance el sueldo, que el dinero venga en bendición, que envíes a tus hijos a la universidad, que para tus vecinos seas testimonio? **¡Fe!**

¿Y qué más dice? *"Y del amor unos con otros."*

Era esas **puertas abiertas** en **compañerismo.** Esa posibilidad de recibir al que está en necesidad. No lo recibimos con permisividad, lo recibimos con amor. No le decimos: "¡Ven, no importa, pecadorcito mío!" Sino, le decimos: "¡Amado, no peques más!" No le decimos: "Bueno, acá cualquiera puede hacer lo que le dé la gana". Sino le decimos: "Juntos vamos a hacer la voluntad de Dios. ¡Fe y amor!"

Supóngase que nuestro diseño de futuro fuera solo fe y amor, que fuéramos conocidos dentro de diez años como la iglesia que tiene más fe de tu nación, y que somos conocidos por el amor unos con otros, más que cualquier otro. Uno pudiera decir: "Bueno, no es tan fácil eso, Héctor." Pero los de Colosas eran conocidos así.

Si tú tomas tu Biblia dice que ellos eran conocidos por dos cosas: fe poderosa, amor unos por otros.

¿Qué es lo que hacía que estos colosenses vivieran amor y fe? ¡Amor y fe!

El diseño de futuro no tiene que ver con lo que hacemos, sino con lo que somos.

Estamos en el primer día de nuestras vidas. ¡Hoy es un día poderoso para grandes cosas!

¿Qué es lo que los hizo que el amor y la fe fueran su distintivo?

EL DISEÑO DE FUTURO NO TIENE QUE VER CON LO QUE HACEMOS, SINO CON LO QUE SOMOS.

"*A causa de la esperanza que os está guardada en los cielos*".[30]

El motor, el corazón del amor y la fe de este equipo era la esperanza.

Vivimos en un mundo que ya no tiene conciencia de mañana, que no espera. Que está más comprometida con el hoy que con el mañana.

Que estamos más pensando en lo que vamos a hacer ahora, que lo que vamos a hacer dentro de diez años.

---

30. Colosenses 1:5.

Si yo le preguntara a alguno de ustedes ¿dónde van a estar dentro de diez años? Posiblemente más de uno me va a decir: "Yo no sé dónde voy a estar en un año ¿y tú quieres que sepa dentro de diez?".

Entonces le están quitando poder al **diseño de futuro** y le están entregando una herramienta tan grande que Dios les dio. ¡Si hasta se las puso en el cuerpo! Por tener la cabeza erguida mirando hacia adelante, y en vez de eso algunos no son más que ombliguistas. Son de esos tipos que solo se miran el ombligo y dicen: "¡Uy qué problema que tengo! ¡Qué mal que me fue hoy! ¿Qué voy a hacer de mi vida?". Y no se dan cuenta que si levantaran la cabeza y diseñaran futuro y miraran hacia adelante... ¡la **esperanza** es el motor más poderoso para que el amor de Dios y la fe poderosa sean un caminar cotidiano en nuestras vidas!

¿Cuál es la primera esperanza en el diseño de futuro?

¿Qué debemos empezar a volver a gestionar?

¡La esperanza en que el Señor vuelve!

¿Qué pasaría contigo si yo tuviera el secreto mejor guardado? Si yo fuera un mensajero de Dios que supiera que el Señor Jesús está volviendo por ti y por mí mañana a las cinco de la tarde, ¿qué harías hoy? ¿Qué harías mañana todo el día? Imagínate que volviera hoy dentro de una hora, ¿qué harías la próxima hora? ¿Lo mismo que pensabas hacer?

Uno de los trucos de este mundo no es solo convencernos con el "tener" que nos hizo perder las llaves del Reino y del "acceso" y de la "autoridad", sino que nos hizo creer que el Señor ya no vuelve.

Iglesias cristianas que solo recuerdan el Cristo que pasó.

Iglesias cristianas que solo se alinean con lo que Cristo fue.

Iglesias cristianas que solo se encaminan con lo que Cristo habló.

Que han olvidado que Cristo está vivo, que está con cuerpo incorruptible, espíritu vivificante, sentado a la diestra de Dios, intercediendo por ti y por mí cada día.

Que cuando dice que me dio de la plenitud de su poder, no dice: "Bueno, arréglate solo ahora". Sino dice: "Desde ahora en adelante formas parte de mi familia"…Que cuando dice que Él va, no dice que solo va y vamos a ver cuándo vuelve. Sino dice que va para hacernos morada.

Lo que hacía que **los cristianos del primer siglo** dejaran de estar preocupados por la rudeza del imperio y transformaran el mundo era saber que Cristo estaba vivo. Pero no solo estaba vivo, sino estaba vivo acá y allá adelante.

Pablo decía: *"prosigo… al premio del supremo llamamiento…"*[31] La Palabra dice: *"puestos los ojos en Jesús".*[32]

Cuando yo sé que voy hacia Él, cuando yo sé que tengo esperanza ¿cómo no amarnos unos a otros? ¿Cómo no confiar en el Dios todopoderoso que está ahora vivo para que toque tu vida? ¿Cómo no creer en el Espíritu Santo que viene a consolarte, que está para derramar sobre nuestros corazones?

> **CUANDO VOY HACIA EL FUTURO CON ESPERANZA, EL CAMINO SE CONVIERTE EN UN ESPACIO DE APRENDIZAJE.**

El diseño de futuro no es un hablar del mañana.

La visión no es un punto de llegada, la **visión** es un punto de partida.

¡Ya no pienso en lo que no tengo, pienso en lo que me falta!

Y empiezo a entender **el poder de la vida en Cristo.**

---

31. Filipenses 3:14.
32. Hebreos 12:2.

Cuando voy hacia el futuro con esperanza, el camino se convierte en un espacio de aprendizaje.

Una buena definición de **aprendizaje** es expansión de tu capacidad de acción efectiva.

Hay algunos que solo van por la vida tratando de "tener, tener, tener" con **incertidumbre de futuro**, tratando de solo sentir la experiencia del momento. Cristianos comprometidos solo con un Cristo histórico, que cuando ven a Cristo lo ven crucificado y ahí atrás, y no resucitado y volviendo por nosotros.

Los ángeles dijeron a los discípulos en el libro de Hechos cuando el Señor recién había ascendido: "¡Ey! ¿Qué hacen mirando? ¡Este mismo que se fue volverá por cada uno de ustedes!"

La **fe poderosa** es un puente hacia la bendición. No es un puerto de señales, es un puente de bendiciones.

> **LA FE PODEROSA ES UN PUENTE HACIA LA BENDICIÓN. NO ES UN PUERTO DE SEÑALES, ES UN PUENTE DE BENDICIONES.**

Y este es nuestro día para **diseñar un futuro poderoso**.

Dios no nos trajo hasta acá solo para que veamos dentro de dos o tres años cuántos vamos a ser. Sino para que **elijamos**.

¿Vamos a permitirle a Dios que nos lleve a donde nos quiere llevar? ¿Vamos a permitirle a Dios que nos parta? ¿O solo queremos ser bendecidos?

El empoderamiento es para ir hacia el futuro con la seguridad de que Dios bendice tu caminar.

Has descubierto una nueva manera de relacionarte con tu futuro.

Puedes ver cómo trabajar las nuevas reglas de juego y lenguaje, visionar y comprometerte con el futuro y el propósito hacia el que vas.

No eres tus circunstancias, sino tus convicciones, y te relacionas con el tiempo construyendo momentos de crecimiento exponencial y de aprendizaje constante.

A pesar de las adversidades comienzas por el principio, y buscas que tu punto de partida sea tu posibilidad constante de ser un protagonista de tu vida y no un espectador de tus situaciones.

Y para ello elegimos disfrutar como un punto de partida poderoso.

Y la clave es estar empoderado y estar bien.

7

ESTAR BIEN

Caminar hacia el futuro es una constante práctica de chequeo del **BIEN-ESTAR**. Y para llegar allí hay que bajar lentamente por el camino del bien decir, bien saber, bien sentir, bien hacer y por último, bien estar.

7.1 Bien decir

Si tengo el conocimiento, pero todavía estoy parado en un modelo de gestión y de manera de ser que solo describe lo que pasó, si solamente uso el lenguaje para encontrar la verdad absoluta de lo que

TU PUNTO DE PARTIDA ES QUE EL LENGUAJE SEA EL CENTRO DEL CAMINO HACIA EL FUTURO.

vemos, si la razón es el único norte que buscamos, seguramente nos faltará mucho para tener un equipo empoderado, o nosotros mismos poder entrar en proceso de empoderamiento.

Bien decir es poder comprender que el lenguaje genera realidades, que sucederá lo que primero hayamos elegido hablar que suceda, que iremos hacia los lugares que declaramos, y que ya no lideramos personas o procesos o sistemas solamente, sino que lideramos acuerdos.

Un punto de partida poderoso es aquel que me da Bien estar personal y comunitario. Y mi lenguaje debe acompañar ese proceso.

En el Bien decir checamos si hablamos futuro o pasado. Tu punto de partida es que el lenguaje sea el centro del camino hacia el futuro. Llegar al futuro con un lenguaje de circunstancias o de pasado será difícil. Hay que trabajar sobre el lenguaje.

Uno debe conocer que **hay lenguaje descriptivo, lenguaje declarativo, lenguaje imperativo, lenguaje indicativo, lenguaje valorativo y lenguaje generativo. Depende del lenguaje que usemos es lo que va a suceder.**

LA CLAVE NO ES LA CIRCUNSTANCIA, SINO CÓMO ME RELACIONO CON ELLA.

El lenguaje no solo debe explicar lo que pasa. En un proceso de empoderamiento. Debo comenzar a saber elegir el lenguaje que usaremos.

Bien decir, en pocas palabras, es decir aquello que me haga el responsable y constructor de quien seré hacia adelante. No de lo que haré porque puede que nos toquen circunstancias adversas. Pero la clave no es la circunstancia, sino cómo me relaciono con ella.

Bien decir es caminar llevando a lenguaje la manera de ser que tengo, que tendré y que me alcanza para quien elijo ser o estar siendo.

Punto de partida se habla, se genera, se construye, se vive…

¿Tienes una organización super poderosa en conocimiento, pero con lenguaje descriptivo?

¿No conocen acerca del lenguaje valorativo y lo toman como verdades?

¿Las personas usan el lenguaje solo para describir lo que pasó y no para generar lo que va a pasar?

¿Explican el pecado en vez de generar contextos que conecten a las personas con Dios y su grandeza, y no con ellos mismos y sus miserias?

¿Formas parte de una comunidad donde se toman los juicios como verdades absolutas?

¿Personas que se viven peleando unos con otros solo por ser los defensores de opiniones?

Una discusión siempre son dos personas que tienen razón, que desgastan sus vidas por no tener un Bien-decir.

Líderes que usan el lenguaje para contar lo que les pasa y no para crear, bendecir, construir, lo que quieren que les pase.

Es tan importante el Bien-decir que una de las mayores características de Dios es que es bendito y su deseo para nosotros es bendecirnos. Bendecir, en su término más básico, es decir bien.

El corazón de Dios es bendecir a su pueblo, bendecir a las personas, bendecir a las naciones. Dios es un Dios de Ben-decir.

¿Pero cómo hacerlo cuando no tenemos el lenguaje para llevarlo a cabo?

Tiene que haber un Bien-Saber, un conocimiento, ya hablaremos de eso, pero también tiene que haber un lenguaje, un Bien-decir.

Y debemos darle prioridad a esto: un serio compromiso personal a incorporar herramientas, actos lingüísticos, convertirse en expertos en "lenguaje".

Lenguaje declarativo, lenguaje descriptivo, lenguaje generativo, lenguaje valorativo, lenguaje indagativo, lenguaje imperativo y lenguaje de alabanza deben estar en el punto de partida cotidiano de toda organización que desea ir por lo extraordinario, y ser una posibilidad en un mundo vertiginoso y cambiante como el actual.

Cuando buscas como coach ayudar a alguien a llegar al camino del Bien-estar debemos hacer un alto obligado en el Bien-decir de esa organización.

Lo que no está en el lenguaje no existe.

Si no lo podemos hablar, no lo podemos vivir.

Si nuestro lenguaje solo habla de ayer, difícilmente podamos construir el mañana.

La consejería es confrontativa; emite sus opiniones al frente de la persona. La terapia es de trasfondo; ayuda a la reinterpretación del ayer.

SI NO LO PODEMOS HABLAR, NO LO PODEMOS VIVIR.

El coaching es un pensamiento lateral; es un dulce y suave suspiro en la oreja.

Hay momentos del proceso que son de implementación y que requieren estiramiento.

Pero la gran mayoría del tiempo es un proceso donde la persona encuentra sus propias respuestas y con ellas su camino y su modelo de evaluar su saber, y los estándares con los que va a caminar hacia adelante.

¿Cómo nos damos cuenta que estamos yendo hacia el bienestar?

Porque vamos viviendo un proceso de estiramiento y no de estresamiento (palabra que no existe en español, pero que me gusta porque comunica).

Cuando alguien está estresado y no estirado es que no está teniendo las distinciones necesarias para poder llegar adonde quiere llegar. Recuerden que el estrés es interpretativo.

Si bien son un sinfín de factores que trabajan en el proceso del estrés, en realidad es una superficie pequeña para una gran visión.

Si hoy eligiera correr la maratón de Nueva York, seguramente tendría un proceso de estrés involucrado; otros, si eligieran escribir un libro, también. Para mí maratón es estrés y libro es estiramiento.

Y voy viendo cómo mis músculos mentales, emocionales, físicos, espirituales se van estirando al paso del libro.

Si juntas a tu equipo y lo primero que te dicen es: "Estamos mal, estamos angustiados, estamos estresados", debes ayudarles a ampliar su superficie, no a hacer nuevas cosas. La palabra angustia viene de la misma raíz que la palabra "angosto", que significa terreno estrecho.

Bien-decir genera los contextos. Si no hay un lenguaje poderoso tenemos que generarlo, porque vamos a construir la plataforma de **punto de partida** con conocimiento y lenguaje para hacernos cargo del futuro que comenzamos a lenguaje.

El lenguaje es clave para el crecimiento y el bienestar de una persona, de una organización, de una iglesia, de un gobierno.

Lenguaje de queja y descripción no alcanza para nuevos procesos de bendición.

El lenguaje se tiene que vivir.

Construimos con el modelo Métodocc que la Palabra de Dios nos enseña en Génesis 1:3 lo primero: *"Y dijo Dios…"*

Lo primero que tengo que construir, si verdaderamente quiero ser un imitador de Dios y un ferviente seguidor suyo, es lenguaje…

¿Cuántos hay que solo construyen experiencias o regulaciones y, no usan el lenguaje para generar y coachear con Dios el mundo en el que queremos vivir? ¡Qué gran desafío tenemos los líderes de este tiempo en sumarle al conocimiento de antaño un lenguaje conducente, que salga de lo profundo del corazón, con un corazón entregado en servir y en ser una posibilidad para otros!

+ No podemos con lenguaje que explica, buscar que genere.

+ No podemos con lenguaje de excusas, ver oportunidades.

+ No podemos con lenguaje de intercambio, medir el amor cuando el mismo es entrega.

+ No podemos con lenguaje lograr resultados, cuando solo lo uso para accionar. Lenguaje antes de la acción.

Ese fue el claro ejemplo del Padre Celestial. Único ejemplo. Primer ejemplo. Su primera relación con la acción o con circunstancias devastadoras, que tratan mucha excusa o explicación, fue poner en el lenguaje el futuro que deseaba ver.

Mi punto de partida debe ser en este día, no importa cómo se llame o cual sea, pero hoy, ahora mismo. Y pararme firme en convertirme en un fiel seguidor de los principios que Dios enseña en su Palabra, comenzar a ser en mi lenguaje quien deseo ver en mis acciones, y prepararme para construir el mundo en el que deseamos que nuestros hijos vivan.

Para pasar al siguiente nivel en el camino hacia el Bien-estar tengo que tener incorporada la diferencia entre generar y describir, y aprender a que sus opiniones y valoraciones contribuyan al desarrollo del futuro personal u organizacional. Estar comprometidos con Bien-decir en el arte de opinar o dar tu valoración sobre algo o alguien es parte clave del desarrollo.

Los desgastes en las relaciones están en la manera en que nos emitimos opiniones los unos de los otros; a veces por falta de madurez en darlas, otras por falta de madurez en recibirlas. Pero casi todas en no haber aclarado los estándares que deseábamos tener en esa área.

En nuestro libro *Logra lo extraordinario,* hablamos acerca de los juicios y cómo relacionarme con ellos.

Opinión[33]

Ya estamos bien cerca de la cima. En el cuarto escalón decimos que sabes hacia dónde vas y conoces tu misión, tu visión y tu diseño de acciones. Empezaste a poner tus pies en las huellas del Señor, a tener comunión con otros y a vivir exitosas capacidades relacionales. No obstante, llegaste a un momento en el que te pondrán a prueba. ¿Por qué? Porque cuando eres bueno, en algún momento alguien te quiere comprar o desviar. Entonces, ahí vamos a ver si los recursos son más importantes que tus principios, y si eres una persona con valores o con precio.

Cuando leo noticias acerca de las empresas, observo una decadencia en los valores del personal. Tal parece que las empresas donde se manejan miles y millones de dólares e influyen sobre países enteros, han estado más enfocadas en alcanzar resultados que en la interacción y el clima de su equipo de trabajo. Puedo prever, por ejemplo, a un gerente y un

---

33. Teme, H., & Teme, L. (2013). Coaching cristiano para lograr lo extraordinario, volumen 3: Manera de relacionarse y lograrlo. Miami, Florida: Método CC Editores.

empleado que no se pueden ni mirar. Esto se debe a que no confían el uno en el otro, pues no tienen principios ni valores.

Desde el punto de vista del cristianismo, trabajaremos en los principios y los valores. Creemos que el cristianismo es el depósito de la humanidad y que tenemos gran cantidad de principios y valores que estuvieron escondidos debajo de un manto de religiosidad y de gran cantidad de rituales. Sin embargo, cuando le quitas ese manto y miras los principios y valores que planteó el Señor Jesús como modo de vida, son increíbles. Así que ahora desarrollaremos las capacidades emocionales y lo que denominamos «juicios y opiniones».

Otro de los grandes problemas que tenemos los seres humanos es que creemos que todo lo que nos dicen es verdad y que lo dicho le pertenece a quien te lo expresa. Por eso este será un tiempo maravilloso de reflexión.

¿Cómo tomas las opiniones? ¿Las consideras verdaderas? Hay veces que las opiniones sin fundamento de otros se toman como ciertas y limitan la vida de la persona en su camino hacia el resultado extraordinario. En otros casos, debido a que no escuchamos una voz con fundamento, una opinión que sirve, terminamos sufriendo consecuencias por nuestra manera de actuar. De ahí que debamos generar maestría en poder aceptar las opiniones de los demás. Siempre sirven las opiniones. Es más, cuando no tienen fundamentos, te sirven para ayudar a la persona que te está hablando y, cuando los tienen, te sirven para aprender a ver cosas que te están faltando, que no estás viendo y que sí ve el otro. A decir verdad, todo me resulta útil. Sin embargo, es lamentable que no nos estemos desarrollando para aceptar juicios y opiniones de las personas. Por eso, vamos a enunciar la diferencia entre la aceptación, el control y la resignación.

Acerca de los juicios y las opiniones

El juicio es un proceso mental a través del cual decimos que algo es de un modo o de otro. Aún así, no describe nada externo. Es una interpretación de un hecho. No es la descripción del hecho en sí, sino que es la interpretación del mismo y, al emitirse, habla del observador que lo expresa y le pertenece.

Los juicios están dentro de la clase de actos lingüísticos que denominamos «los actos lingüísticos básicos», que se encuentra en la categoría de las *declaraciones*. Todo juicio es una declaración, pero no toda declaración es un juicio.

Ustedes saben que el lenguaje es acción y que estas declaraciones generarán nuevos mundos y crearán nuevas realidades. Vivimos constantemente emitiendo y recibiendo juicios. La clave no está en no tener juicios u opiniones, pues esto resultaría imposible. Tampoco está en controlar los juicios que emitimos o recibimos, pues sería un camino sin posibilidades de relacionarnos con el otro y en un terreno de absoluta soledad.

La clave para este tercer milenio es poder convivir con los juicios, aprender de ellos, disfrutar la vida en espacios donde se emitan juicios fundados, y encontrar el uso y el servicio de los mismos. Los juicios no son ni verdaderos ni falsos; ni válidos ni inválidos. Los juicios son *fundados* o *infundados*. Los juicios siempre hablan de la persona que los emite, sin importar lo que te diga.

Ahora, comparemos estos dos enunciados: «Alejandra tiene el pelo castaño» y «Alejandra es perseverante». ¿Podríamos decir que la perseverancia es algo que le pertenece a Alejandra de la misma forma que le pertenece el pelo castaño? La primera proposición remite a lo que llamamos «hechos» (es una afirmación). La segunda implica una opinión y, en materia de opiniones, no necesariamente vamos a estar todos de acuerdo.

Lo que una afirmación dice acerca de alguien es diferente a lo que dice un juicio.

El juicio siempre vive en la persona que lo formula. Los juicios existen solo en el lenguaje; no tienen existencia independiente de este. Los juicios, sobre todo los fundados, nos sirven para diseñar futuro; nos sirven para entrar en el futuro con menos incertidumbre. Si no estuviéramos preocupados por nuestro futuro, no habría necesidad de juicios. Es en cuanto suponemos que el pasado nos puede guiar hacia el futuro que emitimos juicios. Los juicios nos permiten intervenir y operar en distintos dominios.

LOS JUICIOS SE DICEN EN EL PASADO, SE EMITEN EN EL PRESENTE Y AFECTAN EL FUTURO.

Las preguntas que tenemos que hacerte son: ¿Qué juicios te tienen? ¿Qué juicios te tienen con respecto al pasado, que no te permiten diseñar futuro? Los juicios son fundados o infundados y ahí sí se fundan en las acciones del pasado. Entonces, ¿con qué se fundan? Se fundan con afirmaciones. Por lo tanto, no se fundan juicios con juicios. Los juicios se dicen en el pasado, se emiten en el presente y afectan el futuro. De modo que hay una serie de condiciones que fundamentan un juicio:

1. Para qué» emitimos un juicio.

2. Tiene que haber un estándar.

3. Dominio.

4. Reunir las afirmaciones.

5. Fundar el juicio contrario.

Si los juicios no satisfacen estas condiciones, los llamamos juicios infundados. Entonces, ¿cuál es el compromiso que requieren los juicios? Veamos...

1. *Tener la autoridad para hacer ese juicio* (por ser una declaración): Las personas, sin embargo, siempre están emitiendo juicios, aun cuando no se les haya otorgado autoridad.

2. *Compromiso adicional:* Poder fundamentar el juicio. Los juicios pueden ser fundados o infundados de acuerdo con la forma en que se relacionan con el pasado.

Ante esto, ¿qué puedo hacer para modificar un juicio? Lo que puedo hacer es modificar las acciones. Una vez dicho esto, debemos recordar las siguientes cosas:

- Cuando hago una *afirmación*, me comprometo a la veracidad de lo que afirmo mediante evidencia o testigo.

- Cuando hago una *declaración*, me comprometo a la validez (autoridad para hacerla y a lo adecuado de lo declarado) y a generar las acciones coherentes con lo que declaré.

- Cuando hago una *promesa*, me comprometo con la sinceridad, la competencia y el cumplimiento de la promesa involucrada.

- Cuando hago *un juicio*, me comprometo a fundamentarlo.

El juicio como herramienta es fabuloso. Porque los juicios son automáticos. Pueden provenir de nuestra mirada de las circunstancias, de las personas, de nosotros mismos, del adversario, de Dios. Se convierten en creencia, en fe, cuando llegan a mi corazón. Esa es la diferencia entre creer y asentir. El asentimiento se traduce también como apatía.

Cuando alguien emite un juicio nos preguntamos: ¿Para qué me lo dice?

¿En qué dominio? ¿Cuál es el estándar? ¿Cuáles hechos lo fundan?

El Bien-decir es tan fundamental como el Bien-saber. Yo puedo saber mucho. Pero si sigo tomando los juicios como verdades me hace no comprender el mundo en el que vivo, y no poder gestionar exitosamente. Vivo en el planeta del siglo pasado. Solo usar el lenguaje para describir me pone en otro mundo. Vivir en la queja es estar en otro mundo. Hacer declaraciones sin autoridad es estar en otro mundo.

¡El lenguaje es súper importante!

Recuerda que lo que la pregunta abre, la respuesta cierra. Y si la respuesta la tomas como absoluta, cierras toda posibilidad futura.

7.2 Bien saber

Hemos estado en organizaciones donde debíamos hacernos un alto en si sabían qué hacer.

Recuerdo cuando vimos que un proceso en una organización había llegado a su techo.

¡Qué pena da cuando alguien llega a su techo y solo ve los problemas de crecer, y no la gran oportunidad de ir hacia un nuevo espacio!

NO PODEMOS LOGRAR NUEVAS COSAS CON VIEJAS FORMAS.

Era una gran empresa, pero mi diagnóstico era que tendrían serios problemas en un futuro cercano porque sus modelos de sostener las personas para lo que deseaban ser como multinacional no les alcanzaba. Tenían un hacer poderoso, y una mirada aguerrida de su negocio, pero no tenían el compromiso con comprender y capacitarse en desarrollar poderosamente a su personal.

Creían que con el conocimiento de ayer y con el éxito del momento les alcanzaba para ser lo que deseaban ser en el futuro. Sin embargo, debían trabajar nuevos modelos de conocimiento.

No podemos lograr nuevas cosas con viejas formas.

Necesitamos como punto de partida personal u organizacional preguntarnos si tenemos todo el conocimiento y la comprensión para el nivel al que queremos ir.

Y no debe hacernos sentir menos el estudiar.

Algunos creen que construir sobre la base de lo que saben agregándoles pequeñas nuevas fórmulas va a alcanzar para llegar a nuevos lugares.

Si la compañía propietaria de Blackberry hubiera checado su conocimiento y comprensión de los tiempos que vivían, seguramente estarían todavía operando con liderazgo a nivel mundial. Pero el no preguntarse constantemente si el conocimiento, los recursos y las competencias que tenemos nos alcanzan para llegar al lugar que queremos ir, puede hacernos perder el liderazgo y también la tranquilidad.

Bien saber implica checar conocimiento, checar recursos, checar habilidades, checar procesos, y preguntarnos si los mismos nos alcanzan para llegar.

Si así no es, hay que darles espacio a maestros o capacitadores a los que les damos poder, y generar procesos de evaluación de crecimiento en lo que buscamos.

En el Bien saber, chequeo los estándares de conocimiento.

Hemos visto cómo las situaciones que demoraban a una persona u organización eran muchas veces diferentes estándares de conocimiento en una misma área. O peor aún, diferentes estándares de distinciones de una misma mirada.

Y el modelo de la razón ante el embate del humanismo en vez de transformarse en el modelo de la interpretación bíblica o divina, entendiendo que hay una verdad, se transformó en el modelo de las interpretaciones fijas, con personas rígidas y regidas por técnicas y regulaciones.

Y en un mundo cambiante donde el hacer es la manifestación de lo que somos y no al revés, aquellos que tienen estándares diferentes con interpretaciones fijas generan mundos con grandes límites y desgastes emocionales.

Por eso para un Bien saber poderoso checamos estándar y evaluamos saber.

Es apasionante ver a las organizaciones tener un crecimiento exponencial cuando su punto de partida es nivelar los estándares de comportamiento corporativo y los estándares de estrategia y táctica, pero no en base a circunstancias o búsqueda de resultados, sino en base a su propósito, su llamado, aquello que Dios quiere para ellos. Es maravilloso ver crecer en poco tiempo a quienes se animan a ir por nuevos modelos de pensamiento y de gestión para alcanzar los propósitos para los que fueron creados.

Y siempre debe ser el estándar que tú elijas; no el que yo te imponga. El éxito del Bien-estar está en poder trabajar a conciencia los estándares de cada persona y organización, y aceptarlos. Y construir desde allí.

También es clave para aquellos líderes que buscan ser poderosos en su manera de relacionarse entender el modelo que Jesús planteó 30/60/100. No todos están para 100.

En los niveles de conocimiento y responsabilidad debe haber un análisis maduro de con quién nivelamos estándar y responsabilidades para arriba, y con quiénes no.

No podremos evaluar con la misma vara a quien debemos exigirle 100 que a quien le vamos a exigir 30.

Estándares de conocimiento y comportamiento conforme a llamados y niveles de responsabilidad generan una organización saludable.

Modelo de abordaje

El empoderamiento de una persona u organización dependerá también de que el punto de partida de abordaje de ese hecho o situación sea más profundo que lo que fue hasta ahora.

Podemos observar cómo el noventa por ciento de las personas que deciden ir por algo que significa cambio o nuevas acciones, plantean el hecho o la acción, y buscan su solución en el mismo nivel en el que lo plantearon.

Algunos eligieron ir un paso más profundo y no solo dedicarse a partir, en su ser cotidiano, desde la acción, sino fueron al carácter. Si bien son los menos los que deciden trabajar carácter, algunos se dieron cuenta que en ese nivel había más posibilidades de permanencia en un mundo de tan grandes cambios en acciones, miradas y soluciones.

Aunque algunos han ido por más. Se han comprometido a incursionar en las profundidades de tener logros que permanecen, tener una manera de ser que vaya más allá de los hechos y que los ayude a moldear el carácter. Y esos son aquellos que trabajaron en el tercer nivel o como nos gusta llamarlo, el de los juicios maestros.

Las personas te plantean un problema comentando los hechos, y esperan que se lo resuelvas en el nivel de los hechos. Muy pocos entraron en una segunda línea que es buscar no solo resolver el hecho, sino forjar el carácter. Por eso les fue bien a los mentores durante muchos años. Pero ese modelo en estos tiempos ya no alcanza.

Hay que ir un paso más profundo.

La gran mayoría de los problemas de las personas no son solo hechos y carácter, sino el modelo interpretativo con el que se están relacionando con las circunstancias, con las personas, con su historia, con su pasado y con su futuro.

7.3 Bien sentir

Partimos de un nuevo tiempo. **El mundo de hoy ya no tiene pensamientos que emocionan, sino emociones que se piensan, y todos nuestros sentidos deben estar alineados con nuestro compromiso de ser de una manera extraordinaria.**

En nuestro libro *Emociones que conducen al éxito* nos dedicamos a desmenuzar las emociones de aquellos líderes influyentes en organizaciones que caían, no por lo que sabían, ni por las circunstancias, sino por su manejo de las emociones. Les llamamos en el libro los hijos de Esaú.[34]

Esaú había vendido su primogenitura por un plato de lentejas. No fue que tuvo mucha hambre, sino que dejó de mirar el futuro como algo cierto y seguro. Él perdió el rumbo. Y las emociones lo bloquearon y derribaron. Perder la primogenitura es como que en vez de vivir desde el punto de partida solo estés ansioso por la llegada o por donde vamos.

Él perdió su conciencia de futuro así como muchos hoy, que caminan por la calle siendo tomados por las emociones, dado que no tienen un mirar cierto del mañana y solo tienen un sentir del hoy.

Cuando escribí hace unos años *Emociones que conducen al éxito* fue como una catarsis. Lo hice luego de muchos años de ser el coach de líderes de clase mundial que tenían resultados, pero que les costaba manejar sus emociones.

Habíamos pasado de un siglo parado en la razón, el resultado y el tener, a un siglo parado en la relación, el logro y el acceder. En donde ya "pienso

---

34. Ver Génesis 25.

y por lo tanto, existo" no era una prioridad, sino que había mutado a algo peor: "siento y por lo tanto, existo".

Y nos encontramos en medio de una generación que siente, y que cree que todo lo que siente es verdad.

Salimos del modelo del siglo pasado de "pensamientos que emocionan" y entramos en "emociones que piensan".

Nos encontramos entonces con personas con un conocimiento enorme, con las mejores estructuras, que tienen todos los recursos para hacer lo que sea y todo sigue igual, porque faltan otras cosas. Tienen "Bien-saber", algunos también un lenguaje poderoso que nos pondría en decir que también tienen "Bien-decir", pero caen al creer que todo lo que sienten es verdad.

En el Bien-sentir, lo que buscamos es poder incorporar que las emociones son una predisposición para la acción.

Primero, son un estímulo que no es ni verdadero ni falso, que se convierten en una posibilidad cuando yo las creo. Ayudamos a las personas a que tengan emociones y no a que las emociones les tengan. Marcamos la diferencia entre dolor y sufrimiento. El dolor es inevitable, el sufrimiento es opcional.

Tenemos muchísimos casos de personas que deben trabajar su Bien-sentir. Y que al hacerlo cambian poderosamente sus resultados.

Recuerdo una organización donde dimos coaching en el área de ventas de una región.

Durante todo el año nunca habían logrado su meta mensual. Siempre quedaban en 90 por ciento, 87 por ciento, 92 por ciento. Pero era imposible para ellos superar esa meta.

Fui coach del líder de ese equipo durante 4 meses. Sus emociones eran parte de sus análisis cotidianos de la realidad. Y no lograba salir de esos filtros que tenían su visual. Esos filtros les hacen creer a las personas que todo lo que piensan es verdad.

Por eso la Biblia dice: *"No se ponga el sol sobre vuestro enojo".*[35]

No dice "No te enojes". Dice en términos de Métodocc que el modelo interpretativo que tengas cuando venga una emoción fuerte que te invita a categorizarlo como enojo, le des una interpretación poderosa desde la Palabra de Dios.

Este líder no lograba que su equipo levantara.

Era un súper equipo. Y su liderazgo era un liderazgo poderoso.

Conocían su trabajo al dedillo, caminaban en busca del resultado, eran sacrificados, pero había algo, algo, que hacía que ellos se encontraran con un muro de límites.

El equipo se iba desarmando y se desanimaba. Mes a mes lo hacían todo, pero no alcanzaba.

Le solicito al gerente general que me dé la posibilidad de ser coach del equipo.

EL CUERPO TIENE MEMORIA A FAVOR Y TIENE MEMORIA EN CONTRA.

Yo estaba contratado para dar coaching a los gerentes y líderes de la organización, pero en mi contrato no estaba atender al equipo de ventas.

Le comenté mi compromiso de ayudar más allá de si estaba pautado o no, y que no cambiaba nuestros acuerdos si me daba la opción de ayudar a este equipo. Yo sabía que algo

35. Efesios 4:26.

extra estaba pasando y que tenía que ver con ayudarlos a ser más poderosos en el Bien Sentir.

Le dije: "Yo te prometo que en este mes antes de terminar el año, este equipo da con el número y logra el presupuesto". El gerente general me miró con optimismo, pero con un dejo de incredulidad. Todo decía que no era posible.

Junté al equipo en una reunión especial y durante 2 horas les derramé mi corazón. Trabajamos juntos la manera de ser poderosos en las percepciones y en trabajar el ser más que el hacer.

Los invito a creer en ellos y comienzo un proceso de gestión de las emociones en pos del logro extraordinario durante cada día del mes, desde el primero hasta el último.

Les cuento el final: ¡lo lograron! No solo lo lograron, ¡sino con el 115 por ciento de efectividad!

¿Conocían el mercado? Sí. ¿Tenían lenguaje? Sí.

La compañía había invertido grandes sumas de dinero en prepararlos.

Pero sus emociones los tenían.

Había que trabajar fuerte. La emoción es como los hábitos. Se necesitan por lo menos 14 días para sacarlas del cuerpo.

Otra cosa terrible de la emoción es que el cuerpo es tonto.

Y la emoción reside en el cuerpo, no en la cabeza.

El cuerpo es tonto. La cabeza es inteligente.

El cuerpo ha sido diseñado para obedecer, no para pensar.

Y le quedan impregnadas las decisiones que hemos tomado.

La cabeza le cuenta al cuerpo a través de diferentes estímulos sus historias emocionales.

La música, lugares, frases, cuando se repiten en tu cuerpo, producen la sensación de la primera vez. ¿Quién no tiene esa canción que al solo hecho de recordarla y comentársela a su esposa, o solamente con cantarle una frase ambos vuelven a sentir las mismas sensaciones?

El cuerpo tiene memoria a favor y tiene memoria en contra.

Igual sucede con una organización.

Es un cuerpo vivo que se mueve y crece como un organismo. Por eso hay que trabajar en los estímulos emocionales que esta organización o área tienen.

Decimos, sabemos, sentimos.

7.4 Bien hacer

Si poder lo definimos como **capacidad de acción efectiva**, la implementación es aquello que te permitirá llegar al empoderamiento.

Luego de decir, saber, sentir, necesitamos orquestar todo nuestro enfoque al hacer.

La idea poderosa es la que se hace.

Si eres excelente pensando, hablando y tienes un manejo emocional conducente, pero no estás comprometido con el hacer, difícilmente puedas lograr lo extraordinario.

En el hacer ya no necesitamos maestros o motivadores, sino mentores.

Y en punto de partida nos debemos preguntar a quién le estamos dando poder en cada una de las áreas. No podemos tener maestros en el proceso de implementación ni motivadores en el proceso de empoderamiento. En la implementación hay que confiar y darle autoridad a los mentores.

En el mentor, el poder estará en su experiencia y en su manera de llevar adelante a las personas desde quienes son, a quienes eligen ser.

El poder estará en la manera de llevar adelante el proceso y se medirá por resultados.

Declaraciones que se sostienen con acciones

Hemos trabajado mucho en organizaciones que debíamos tener medidores e indicadores de gestión.

Esto en organizaciones y gobiernos es común, pero en algunas iglesias era como una locura. No estaban acostumbrados a buscar medidores para el hacer.

Parecía pecado buscar ponerle número a la proyección de crecimiento o metas cualitativas al desarrollo de algún departamento.

ELIJA IR POR UN FUTURO DIFERENTE, Y PÓNGALE UN NÚMERO.

Nos contrataban de una iglesia para ayudarlos en ver qué les estaba faltando en su desarrollo organizacional, y en la primera reunión con el liderazgo nos decían: "¡Queremos crecer!" A lo que nosotros le preguntábamos: "¿Cuántas personas desean tener para dentro de un año?". Y su respuesta era: "Lo que Dios desee".

Elija ir por un futuro diferente, y póngale un número.

Eso les ayudará a buscar tener claridad en la brecha entre quiénes son y quiénes eligen ser.

Hay algunos que piensan que buscar definir un futuro es como doblarle el brazo a Dios.

No pueden tomar conciencia que **nadie puede llegar al lugar que no eligió ir. Fe, además de ser la convicción de lo que no se ve, es "la certeza de lo que se espera". Sin espera no hay fe completa.**

Y en medio de un mundo de sentidos donde es más fuerte la experiencia de hoy que el diseño de la espera de mañana, tenemos organizaciones que no hacen conforme a compromisos con una visión, sino que reaccionan a las circunstancias como van llegando las mismas.

Luego le echan la culpa a Dios cuando las cosas no están en el rumbo correcto, cuando ellos mismos no se animaron a definirlo.

Dios te pide que mires hacia adelante y califiques o cuantifiques.

Al Bien-hacer le llamo también el coaching de la implementación.

Y en este camino hay que hacer la diferencia entre objetivo y visión.

Nosotros no planteamos objetivos.

En nuestro libro *Logra lo extraordinario*[36] hablamos acerca de objetivos y metas, y su diferencia con Visión.

Objetivos y metas

Antes de profundizar en la *visión*, sería útil hablar más acerca de los objetivos y las metas. El *objetivo* se define como "ese lugar al cual llegar" y la *meta* como "el factor cuantificado de ese objetivo". Por ejemplo, podría decir que mi *objetivo* es terminar este libro antes de las diez de la mañana, y la meta es escribir dos mil quinientas palabras. Es importante que,

---

36. Teme, H., & Teme, L. (2013). Coaching cristiano para lograr lo extraordinario, volumen 2: Manera de ser (pp. 34–37). Miami, Florida: Método CC Editores.

al mirar hacia delante, desarrollemos con claridad nuestros objetivos y metas. Sin embargo, la clave para estos tiempos no es ponerse objetivos y metas.

Hace unos días, veíamos un programa de televisión que hablaba sobre la vida real de varias personas adictas al alcohol. Uno de esos casos hacía referencia a una mujer que llegó a una metrópoli para estudiar con la ayuda financiera de su padre, pero que al cabo de los meses todavía seguía sin inscribirse en algún curso de la universidad. Se pasaba el día durmiendo para despertarse a media tarde, vestirse y comenzar a beber. Se preparaba para salir y en el camino compraba varias botellas de bebidas que se las tomaba enseguida, para después irse a bailar en un estado deplorable. Según su testimonio, esa era la única manera en que podía bailar y "disfrutar" de la vida. Luego, continuaba en ese estado hasta temprano en la mañana, que volvía a su apartamento alquilado para dormir. Cuando se despertaba por la tarde en muy mal estado y para repetir las acciones del día anterior, se concienciaba de lo mal que se sentía. En ese instante se planteaba "objetivos" y "metas" que hasta declaraba en "acciones", pero luego de los primeros intentos, volvía al mismo estado anterior.

En una oportunidad fue a la universidad para inscribirse. Parecía que quería cambiar su vida de verdad. El personal de la universidad la atendió con mucha amabilidad y le explicaron que para los pagos de cada materia necesitaba ser residente, pagar impuestos o tener un trabajo. Ante estas alternativas, presentó una solicitud para trabajar como camarera y la contrataron para comenzar al otro día. Por lo tanto, se preparó. Su objetivo de cambiar de vida estaba cerca. Así que trabajó todo ese día con éxito y alegría. Al terminar, se la escuchaba exultante contar cómo le gustaba el trabajo, las relaciones con las personas y ganar su propio dinero... ¡y se fue a festejar! Una vez más regresó a las ocho de la mañana. A las once, cuando tenía que presentarse en su nuevo trabajo, no podía levantarse de la cama. No logró su objetivo. ¿Por qué? Porque la clave para estos tiempos no es ponerse objetivos.

Por eso, ¡basta de decirles a las personas que se pongan objetivos! Solo los ayudamos a extender más su desdicha al ver que no logran lo que se proponen. La enseñanza acerca de ir hacia el objetivo y cumplir las metas es un concepto estresante y arcaico que solo genera más excusas para seguir siendo de la misma manera. Lo que las personas necesitan comprender, entender e incorporar son las distinciones de **visión y compromiso.**

La diferencia entre *visión* y *objetivo* radica en que el *objetivo* está allá lejos y fuera de mí, y la *visión* no solo se convierte en el lugar donde estaré, sino en mi mirada, en mi manera de ser, en la forma que elijo mirar el camino por donde voy a transitar.

Si lo analizamos, una manera eficaz de relacionarse con la vida en un mundo de constante cambio que requiere de una manera de ser y de mirar poderosa hacia objetivos con esfuerzos y viejas maneras y miradas, ya no sirve... Un objetivo sin un plan de acción y un tiempo de realización es solo un sueño. Los objetivos se escriben en piedra y los deseos en la arena. Una vez que se declara la visión poderosa hacia la cual elegimos ir, nos servirá de ayuda comprender más acerca de los objetivos y las metas.

No confundas "objetivo" con "visión"

La **visión** es una declaración que vive en el lenguaje y tu manera de ser, mientras que el *objetivo* es función del hacer sobre la base de una elección comprometida. Puedes seguir parado siguiendo tu visión aunque no cumplas tu objetivo, ni obtengas un resultado conveniente. Cuanto más parado estés en tu visión, más objetivos tendrás el placer de cumplir y logros que compartir.

La visión y su poder

El poder de la visión está en que es el futuro diseñado hoy, el futuro deseado. Se trata de la fotografía de uno mismo, del equipo u organización en un determinado tiempo. Es un logro a alcanzar: un gran QUÉ.

Cuando una visión es poderosa, se convierte en nuestra razón de ser diaria para la acción. De ahí que tenga sentido fundacional y una intención transformativa. Es una realidad dinámica que vive en la declaración de posibilidad y muere ante la sola declaración de que no hay posibilidad. La visión se declara y es generativa con eminencia. No usa espacios descriptivos del pasado, sino crea y sostiene el modelo del futuro. Es una declaración de posibilidad que no está en nuestra realidad circunstancial.

> **EL PODER DE LA VISIÓN ESTÁ EN QUE ES EL FUTURO DISEÑADO HOY, EL FUTURO DESEADO.**

¿Dónde vive la visión?

Cuando lo analizamos, llegamos a la conclusión de que la visión vive en...

+ El lenguaje como un hondo y profundo compromiso del corazón.

+ Las conversaciones día a día con otros y, entonces, la visión es en común.

+ Un lugar que no es el futuro al cual llegar.

+ Un diseño de futuro desde el cual venimos.

+ Donde se debe "ser íntegros como equipo", de ahí que sea un punto de partida en la presente declaración: Somos íntegros.

+ La coordinación de acciones diarias entre quienes están comprometidos a la visión.

Beneficios de una visión

Es evidente que la visión tiene una serie de beneficios importantes. Veamos algunos de ellos:

- Nos permite mirar hacia el desafío, pues la apatía y la falta de mirar hacia delante atenta contra una vida con resultado extraordinario.

- Rompe con la recurrencia del pasado, es decir, "más de lo mismo".

- Es una apertura poderosa para un futuro diferente.

- Crea un presente de conversaciones y acciones responsables.

Cuando le invitamos a la persona a que mida su Bien-Hacer, no le pedimos que ponga un objetivo allá adelante y que veamos que ojalá las circunstancias nos acompañen. Lo que le planteamos es: ¡Tengan una visión extraordinaria y bájenla a tierra!

¿Por qué razón?

> ## CUANDO PUEDES MEDIR, PUEDES ESTAR AGRADECIDO POR EL MILAGRO.

Porque cuando planteas una visión es que va más allá de tus propias fuerzas actuales. No es solo algo que lograré con lo que soy, sino que la única manera de lograrlo con lo que seré.

Allí es donde Dios puede trabajar. Cuando construimos la brecha entre quienes somos y quienes queremos ser. Y no solamente entre quien soy y, con esfuerzo, quien voy a seguir siendo. Sino entre quien soy y quien elijo ser.

Así es como planteamos algo extraordinario, pero medible.

No solo porque lo vaya a lograr. Cuando uno está viviendo la vida con Dios ya no te importa tanto qué logras o qué no logras, sino poder mirarlo a los ojos sin vergüenza, y que te diga: *"Buen siervo y fiel"*.[37]

Entender el concepto de ir hacia un futuro medible es caminar en los mismos pasos que el Señor Jesús planteó.

Estaba con sus discípulos y Él les preguntó:

"¿Cuántos panes tenéis?.[38]

Jesús sabía que había una multitud y que ellos no tenían casi nada; solo un puñado de panes y pescados. Pero los llevó a un modelo de medición.

Cuando puedes medir, puedes estar agradecido por el milagro.

Cuando puedes medir puedes estar agradecido por el proceso de entrenamiento que tuviste más allá de lo que mediste.

Cuando sabemos dónde estamos y elegimos adónde queremos ir con la bendición de Dios en nuestras vidas es cuando el poder sanador y liberador de Dios se desata.

Y luego que todos comieron, la Biblia menciona la cantidad de panes y pescados que sobraron. Y las cestas también se midieron. No dice en ningún lado que quedó "mucho", sino *"recogieron…doce cestas llenas"*.[39]

El acto de la medición tiene que ser un acto de fe también.

Cuando declaras una visión es un acto de fe; no un arrojo hacia la nada, sino una certidumbre de estiramiento con la bendición de Dios.

---

37. Mateo 25:21.
38. Marcos 6:30-44.
39. Ibid.

Cuando vas por algo más grande tiene que haber nuevas conversaciones. Esa visión tiene que vivir en el lenguaje, tiene que ser parte cotidiana de nuestras vidas. Aunque al comienzo parezca algo imposible.

Tengo el privilegio también de ser coach en gobiernos.

Cuando se maneja recursos y posibilidades para gran cantidad de demanda, siempre parece que es poco. Entonces allí aparecen los políticos y ponen en práctica su famosa frase de que la política es el arte de lo posible.

A mí me gusta decir que Métodocc es el arte de lo imposible, porque Dios trabaja en cada uno de nosotros cuando, alineados con su voluntad, elegimos ir por lo extraordinario.

Ver a líderes de gobierno confiar que Dios puede sacar lo mejor de ellos, administrar los recursos públicos honestamente y buscar generar nuevos espacios de desarrollo en su ciudad, es lo más maravilloso que he visto como empoderador de equipos de alta ejecutoria.

Cuando todos los invitan a ir por el objetivo y ellos se comprometen con la visión más allá del objetivo es cuando sacan lo mejor de ellos mismos, e incorporan lo que les falta para el logro. Pero más aún. Los equipos se unen, las conversaciones te conducen, las emociones se alinean y el conocimiento se pone en favor de cruzar la brecha.

Bien-hacer requiere de una visión extraordinaria y de una manera clara de medir esa visión.

Porque el coaching de implementación es poder trabajar y asistir al líder comprometido en ser quien fue llamado a ser. Y acompañarlo en el proceso de crecimiento y expansión de sí mismo y de su organización.

Y cuando lo ven, no pueden dejar de verlo.

Por eso se llama visión. Porque lo ves.

A diferencia del conocimiento que puede olvidarse o el sentimiento que puede cambiarse, lo que se ve no puede dejar de verse.

La visión y cruzar la brecha nos hará conscientes de que vemos y también de que no vemos. Y nos ayudará a preguntarnos cómo distinguir más efectivamente para alcanzar el logro.

Medir donde estamos, comprometernos adonde queremos ir y tomar conciencia de la brecha te permitirá con claridad poder trabajar los procesos de implementación.

El Bien-hacer, el coaching de la implementación que planteamos se puede definir en algunas preguntas: Si tuvieras el éxito asegurado y todo lo que hicieras te saliera bien, ¿dónde estarías en un año? Si estuvieras seguro que Dios bendice completamente lo que estás haciendo y que es su voluntad, ¿qué harías? ¿Cómo lo podríamos medir? ¿Quién llegarías a ser?

Disparadores defensivos y calmantes automáticos

Cuando haces un coaching de implementación basado en el logro extraordinario y no solo en lo que se puede y provocas, y convocas al líder desde esta mirada, aparecen inmediatamente los disparadores defensivos y los calmantes automáticos.

El cuerpo físico y el cuerpo social funcionan así.

Ante la visión extraordinaria envía pensamientos automáticos que dicen: "No vayas para allá, es muy difícil". Es un calmante automático.

El cuerpo está preparado para sanarse. Si te cortas un dedo, inmediatamente las células van en busca de proteger el área herida y repararla. Igual sucede con los pensamientos y las circunstancias. Cuando los invitas a ir por algo más grande que tú mismo, los calmantes automáticos te llevan a dormir, sanar, proteger lo que somos.

Por eso el secreto en el coaching de la implementación y el Bien-hacer es que la persona salga del modelo de expectativas- suposiciones- emociones y circunstancias, e ingrese al modelo visión- compromiso- conversaciones y elecciones.

La cultura del compromiso hace que la visión extraordinaria muestre la brecha de crecimiento que me falta.

Cuando vienen los calmantes automáticos, rápidamente debo relacionarme con mi compromiso.

¿Por qué hay muchas personas que saben que están gordas, que tienen el lenguaje de bajar de peso, que se sienten mal, pero que no toman acción? Porque cuando vienen los calmantes automáticos, en vez de relacionarse con su compromiso, se relacionan con sus circunstancias.

Cada vez que ingresamos a una organización y comenzamos a hablar de la cultura del compromiso se lo resumimos en una frase: **"No me comprometo porque puedo, sino puedo porque me comprometo".**

Por eso nos apasiona pensar en el modelo que Dios plantea de la acción. Bien-hacer está modelado bajo Génesis 1:3

> *"Y dijo Dios: Sea la luz; y fue la luz."*

Una visión extraordinaria que pongo en lenguaje y sostengo con una acción comprometida.

Pienso seriamente que ese versículo está puesto allí por Dios para que comprendamos el modelo de Dios de la acción. En el medio de la adversidad, en un momento donde se podía desarrollar todo tipo de disparador defensivo o explicar lo que pasa, llegamos a ver a Dios marcando línea.

El coaching de la implementación es:

Enuncio logro extraordinario, diluyo los disparadores defensivos y no me quedo en la comodidad de los calmantes automáticos parándome en el compromiso.

Ayudo a cada persona a salir de las expectativas y suposiciones, de las circunstancias y emociones, generando nuevos espacios de compromisos y de elecciones.

Encontramos a muchos que saben un montón, que tienen un buen corazón, que hablan bonito, pero que no se animan a cruzar el umbral de quienes son, para ir al desafío de quienes quieren ser.

Están listos para crecer, pero no preparados. Y aquellos que no implementan, los vemos muchas veces hacer silencio en el medio de la batalla.

Y el silencio en ciertos niveles de relación es inaceptable.

Vemos que se usa mucho el silencio como una manera de no involucrarse. Se prefiere la suposición o las conversaciones informales que hablar productivamente.

Y a veces estos espacios matan la visión de Dios en medio de las personas.

Cuando se declara una visión extraordinaria, plantea algo grande.

Busca tu brecha. Entra en un proceso de aprendizaje.

Que lo que disfrutes no sea el resultado de haber llegado, sino el desafío, el proceso, todo lo que Dios para contigo en el medio. Llegarás al logro extraordinario y ni cuenta te darás porque disfrutaste tanto esa vida de estiramiento, de aprendizaje continuo, que sabes que ir por grandes cosas no es para alcanzarlas, sino para disfrutar en quién te conviertes después de haberlas obtenido.

7.5 Bien estar

EMPODERAMIENTO DE UNA PERSONA ES QUE HA EXPANDIDO SU CAPACIDAD DE ACCIÓN EFECTIVA.

Se sabe que la persona está lista para comenzar lo que sea y que está empoderada porque el poder está en ella.

El poder está en ella significa que hubo una transferencia de poder, que la persona puede hacerlo sin necesidad de nadie ni de nada, pero más que hacerlo, puede entenderlo. Hay entendimiento además de conocimiento aplicado; ya un profundo entendimiento de hacia dónde va y cuáles son las miradas, lenguaje y acciones que tendrá que tener para que eso suceda.

Empoderamiento de una persona es que ha expandido su capacidad de acción efectiva. Empoderamiento en una organización es cuando la organización tiene la delegación generada y el cargo asumido.

El poder, para convertirse en empoderamiento, no solo les permite a las personas hacer, sino poder entender y tener bienestar.

Poder: capacidad de acción efectiva

Capacidad de acción efectiva: todo el conocimiento, los recursos, las habilidades y los talentos; sus emociones no tienen a la persona, sino que ella conduce sus emociones; su manera de hablar es generativa y la ayuda a crear contextos de posibilidad y llevar su vida y/o su organización al siguiente nivel; y está implementando de manera poderosa y hay resultados.

Primera pregunta: ¿Conoce?

Segunda pregunta: ¿Conoce conforme al propósito?

Tercera pregunta: ¿Su estándar de conocimiento es el mismo que el mío?

Solo con estas tres preguntas puedes pasarte largo tiempo trabajando el modelo de conocimiento de esa organización.

No puede haber Bien-estar si no hay Bien-saber.

¿Cómo me doy cuenta que alguien está bien, o sea, que tiene Bien-estar?

Porque tiene el poder.

Simplemente porque puede…

Entendemos poder como capacidad de acción efectiva.

Podemos llegar allí haciéndonos las siguientes preguntas:

¿Hemos logrado el resultado extraordinario?

¿Las personas tienen el conocimiento acabado de todo lo que necesitan saber con el estándar acordado?

¿Han llegado a incorporar la lingüística generativa que necesitamos para seguir creciendo? ¿Tienen un buen manejo de las opiniones de unos y otros? ¿Ves que convierten los obstáculos en oportunidades, que tienen buena resistencia, que corren detrás del desafío?

¿Sus sentimientos y emociones son predisposiciones que los llevan hacia lo que misionan y la voluntad de Dios en sus vidas?

¿Han logrado medir, cuantificar y ver con claridad los procesos de aprendizaje al recorrer la brecha?

Este es el gran desafío de estos tiempos.

Pasamos de estar capacitados, a estar motivados, a estar empoderados, que es el desafío de estos tiempos.

La manera de transferir poder es a través de empoderar proyectos y no acciones.

Cuando crees que estás empoderando a alguien y solo le das la capacidad de una acción efectiva, posiblemente necesite de ti para saber qué sigue, para saber si está bien, para saber por dónde va.

El empoderar a las personas con proyectos los lleva a darles un comienzo y un fin, a que podamos conversar de medidores, a que los indicadores que buscamos estén claros.

Uno de los problemas que tienen muchos líderes es que creen que están empoderando a alguien cuando en realidad solo les dicen lo que tienen que hacer.

Decirle a alguien puntualmente no es empoderamiento; es asignación de tarea.

Empoderar es darle el poder para generar un resultado por sí mismo, más allá de lo que otro u otros desarrollen.

El secreto del empoderamiento está en empoderar proyectos. Proyectos con el conocimiento claro de quién lo hará, con el lenguaje generativo y amplio conocimiento de herramientas lingüísticas, con una manera de sentir que vivir la experiencia para él es parte del proceso, no el todo, que tienen un gran corazón para el hacer y que pondrá todos los talentos que Dios le ha dado para ir por algo más grande que él mismo; que lo bendiga y que le dé gloria al Altísimo.

¿Tienes personas empoderadas?

¿Usan su visión para llevar el proyecto más allá de ellos mismos?

¿Llevan adelante el proceso y se relacionan poderosamente con las circunstancias?

¿No se dejan llevar por sus emociones, y su lenguaje habla día a día del proyecto y de su entusiasmo por el mismo?

Si es así, tienes personas que lo llevarán a cabo más allá de ti mismo.

Facultas al otro, pero luego de haberlo pasado por un proceso de Bien-decir, Bien-saber, Bien-sentir y Bien-hacer.

El bien- estar es maravilloso. Estar bien es una posibilidad cierta para las personas, iglesias, organizaciones, gobiernos.

¡Este debe ser nuestro punto de partida!

CONCLUSIÓN

Punto de partida es un estilo de vida que requiere que prepares tu convicción, que tengas en cuenta que ya no hay distancia y que los tiempos se miden por momentos y no por instantes; que debes relacionarte con el tiempo desde tus propósitos, tu compromiso y tu visión.

Que la manera de ir hacia el futuro no es tratando de conocerlo todo para luego decidir y actuar, sino siguiendo el ejemplo de Dios que primero habló, luego tuvo visión y luego tuvo una acción comprometida.

Que puedes ser tus convicciones y no tus circunstancias, y dejar de gestionar desde la necesidad y comenzar a hacerlo desde tus compromisos.

Que es clave comprender que ya no vivimos en un mundo estático de posesiones, sino dinámico de accesos, y que Dios quiere que te prepares para este nuevo tiempo.

Que el punto de partida es comenzar desde el principio, no desde el medio o desde fines sin principios, y que debes ser más grande que la adversidad porque elegiste aprender de ella y no sucumbir en medio de sus garras.

Que hay que elegir el camino de estirarse, que es pasar por los desiertos de la vida para relacionarte más poderosamente, para estar empoderado, para tener la capacidad de acción efectiva, para que tu entendimiento sea más grande que tus técnicas de solucionar problemas.

Que puedes estar bien checando constantemente tu bien saber, bien hacer, bien decir, bien sentir en cada caso, en cada situación, en cada desafío.

Que la vida hecha por Dios fue hecha para ser descubierta, diseñada y disfrutada; que si estás viviendo parado en conocer y accionar, es hora que elijas entender y conversar.

Punto de partida es una constante manera de mirar la vida desde el mejor lugar que es la esperanza de que Él viene. No está por volver, está volviendo. Y dejarse guiar por quien es el principio y fin de todo me permite no quedarme detenido en circunstancias o realidades temporales, sino elegir elevarme al llamamiento de ser quien Dios me llamó a ser.

La vida es linda. Disfrútala. Anímate. Se puede…